COURS
THÉORIQUE
ET
PRATIQUE

DE LANGUE ET DE LITTÉRATURE
FRANÇOISE.

Ouvrage entrepris par ordre du Roi.

PAR

J. C. DE LA VEAUX,

PROFESSEUR ROYAL A BERLIN.

Premier Cahier. Janvier 1784.

---

tome premier complet

A BERLIN,
Chez l'Auteur, & chez ARNOLD WEVER.
1874.

X

COURS
THÉORIQUE
ET
PRATIQUE
DE LANGUE ET DE LITTÉRATURE FRANÇOISE.

Ouvrage entrepris par ordre du Roi.

PAR
J. C. DE LA VEAUX,
PROFESSEUR ROYAL A BERLIN.

TOME I.

A BERLIN,
Chez ARNOLD WEVER, Libraire.
1784.

AU ROI.

SIRE!

C<small>ET</small> *Ouvrage doit sa naissance aux ordres & aux encouragemens de* V<small>OTRE</small> M<small>AJESTÉ</small>. *J'ai tâché de le rendre digne de votre approbation & de vos regards. J'en ai écarté avec* soin la vile flaterie, qui n'honore personne; & j'y ai présenté hardiment la vérité, qui plaît toujours au vrai sage.

Je suis avec le plus profond respect,

SIRE,

DE VOTRE MAJESTÉ,

Le très-humble
& très-obéissant serviteur,
DE LA VEAUX.

AVIS AU RELIEUR.

Il faut relier à la fin du Volume, & de suite, les feuilles A, B, C, D, qui portent le titre d'*Annonces & Critiques*.

Nachricht an den Buchbinder.

Die Bogen A, B, C, D unter dem Titel: *Annonces & Critiques* müssen am Ende des Theils gebunden werden.

TABLE.

	Pag.
Avant-propos.	3
Réflexions générales sur la langue françoise.	9
Chap. I. Des causes de la décadence de la langue françoise, en France & en Allemagne.	Ib.
Chap. II. Des moyens de rémédier à la décadence de la langue françoise.	48
Chap. III. Observations générales sur le génie particulier de la langue françoise.	60
Chap. IV. Plan de l'ouvrage.	85

	Pag.
Première Partie. DE L'ART DE PENSER.	3
Chap. I. Comment les idées se forment dans notre esprit.	Ib.
Chap. II. Des principales opérations de l'ame.	19
Chap. III. De la manière de diriger les opérations de l'entendement.	29
Chap. IV. De la manière de diriger les opérations de la volonté.	49

TABLE.

	PAG.
CHAP. V. *De l'invention.*	64
EXERCICES SUR L'ART DE PENSER.	81
PREMIER EXERCICE.	Ib.
SECOND EXERCICE.	99
TROISIÈME EXERCICE.	112
QUATRIÈME EXERCICE.	161
CINQUIÈME EXERCICE.	200
SIXIÈME EXERCICE.	212
SEPTIÈME EXERCICE.	221

TABLE

DES

ANNONCES ET CRITIQUES.

	PAG.
SUR *la forme des Gouvernemens*, par M. de Herzberg.	3
De l'économie des anciens Gouvernemens, comparée à celle des Gouvernemens modernes, par M. Prévoſt.	17
Dictionnaire catéchétique, par M. Chifflard.	33
Obéron, poëme, traduit de l'allemand.	37

COURS
THÉORIQUE
ET
PRATIQUE
DE LANGUE ET DE LITTÉRATURE FRANÇOISE.

AVANT-PROPOS.

Le style des écrivains françois semble dégénérer de jour en jour : la langue françoise, cette langue si noble, si douce, si claire, si élégante, perd tous les jours quelque chose de cette pureté qui la rendoit si recommandable dans le siècle de Louis XIV. On substitue les mots aux choses; on préfère le brillant au solide; on prend les écarts pour le génie; &, perdant de vue cette noble simplicité qui fait le charme des anciens chef-d'œuvres de la Grèce, on surcharge la langue d'une foule d'ornemens grotesques & bisarres qui la rendent méconnoissable.

Le néologisme, si favorable aux esprits médiocres, si pernicieux à la pureté du langage, fait tous les jours de nouveaux progrès. Chaque société se fait un jargon particulier inintelligible pour quiconque n'est pas initié dans ses mystères; chaque coryphée de ces sociétés consacre ce jargon dans quelqu'ouvrage élevé jufqu'aux nues par ceux qui s'y reconnoiffent & s'y admirent; & l'homme de génie qui étudie dans la folitude les chef-d'œuvres de notre langue, fe trouve quelquefois étranger au milieu de fa patrie.

En lifant les ouvrages de nos jeunes écrivains, on fe demande avec chagrin: que font devenus les Fléchier, les Boffuet, les Fénélon, les Rouffeau, les Boileau, les Montefquieu, les Voltaire? qu'eft devenu l'art qui a dirigé ces grands hommes? qu'eft devenu ce langage noble & pur qui nous charme dans leurs ouvrages?

C'eft bien pis encore quand on lit la plupart des ouvrages françois écrits dans les pays étrangers. Quel langage barbare! quels tours forcés! quels termes impropres! quel ftyle lâche & entortillé! quel travail dans les conftructions! Il eft décidé que c'eft une chofe très-difficile pour les étrangers de bien écrire en profe françoife; & je dirois qu'il leur eft impoffible de faire jamais de bons vers, fi nous ne connoiffions tous un poëme didactique fait à trois cents lieues de Paris, dans lequel on trouve un grand nombre de vers que

Boileau n'auroit pas désavoués, & une poésie digne du beau siècle de la littérature.

C'est sans doute à la négligence avec laquelle on étudie la langue françoise qu'il faut attribuer, en grande partie, les fautes sans nombre qu'on découvre dans quelques écrivains de nos jours. Cette étude, sèche par elle-même, demande beaucoup d'application & de travail; & les secours que nous avons eus jusqu'à présent, quoique nombreux, ont paru peu propres à conduire au but.

Ce n'est pas dans les règles sèches & isolées d'une grammaire qu'on peut apprendre une langue. Toutes ces règles, si l'on en excepte un très-petit nombre, varient, pour ainsi dire, selon le caractère & la nature de l'idée qu'on veut exprimer. La délicatesse & la propriété des tours; le choix des expressions, la liaison des idées; la variété, l'harmonie, le nombre, l'illusion du style, toutes ces choses ne s'apprennent point par des règles.

C'est à force d'étudier les chef-d'œuvres dans tous les genres, à force de se former une idée claire & précise de la signification des termes, des vrais rapports des mots, des phrases & des périodes ; c'est à force d'analyser chaque pensée, d'observer les nuances, les couleurs, les variétés, les gradations, qu'on peut parvenir à découvrir le secret des grands écrivains.

Les traductions, en offrant de fréquentes comparaisons, sont aussi très-utiles à ceux qui veulent se former un style pur. La contrainte que l'original impose, force souvent à rendre des idées auxquelles on n'auroit jamais pensé sans cela; les efforts qu'on fait pour les rendre, les différens tours que l'on essaye pour y parvenir, la recherche des raisons pour lesquelles on croit devoir préférer les uns aux autres, tous ces exercices, lorsqu'ils sont faits avec goût & avec intelligence, conduisent à sentir les vrais principes, les rendent familiers, & produisent enfin ce tact délicat qui fait distinguer aisément un bon ouvrage d'un mauvais ou d'un médiocre.

Les ouvrages mauvais ou médiocres peuvent aussi contribuer à conduire au même but. Sentir qu'une phrase est mauvaise ou qu'il y manque quelque chose, chercher les moyens de la corriger;

voilà le travail journalier des écrivains qui respectent assez le public pour ne lui offrir que ce qu'ils peuvent faire de mieux; & voilà ce qu'on peut apprendre dans les écrits défectueux.

Mon dessein est de faire ici un ouvrage qui, en offrant tous les vrais principes de la grammaire & du style, enseigne, par un grand nombre d'exercices gradués, à les découvrir dans les bons ouvrages, & à en sentir le défaut dans les mauvais. On y trouvera des analyses de plusieurs morceaux tirés de nos meilleurs écrivains, des traductions de différentes langues, avec des remarques qui apprendront à sentir le caractère distinctif & le génie de ces langues, & qui feront appercevoir les écueils qu'il faut éviter en traduisant.

On joindra à ces exercices un cours complet de littérature, où l'on donnera une idée de tous les genres & une analyse de quelques chef-d'œuvres.

Enfin, pour rendre mes remarques plus utiles aux auteurs françois qui écrivent en Allemagne, je donnerai à la fin de chaque cahier une critique impartiale de tous les ouvrages qui sortiront de leur plume. Puissent mes foibles efforts les amener sans les fâcher ! Si je me trompe, je me ferai un devoir de redresser mes erreurs, dès qu'on me les aura fait appercevoir. Voilà une des principales raisons qui m'ont engagé à distribuer mon ouvrage par cahiers périodiques. Le premier cahier contient quelques réflexions générales sur les causes de la décadence de la langue françoise en France & en Allemagne, sur les moyens d'y remédier; quelques observations sur le génie particulier de la langue françoise; & enfin un plan détaillé de tout l'ouvrage.

La tâche que j'ai à remplir seroit sans doute au-dessus de mes forces, si je n'étois encouragé par l'approbation & les ordres flatteurs du Héros dont le génie vient de créer un nouveau siècle. Le désir de lui plaire me soutiendra dans cette carrière épineuse; & si mon travail est suivi de quelques succès, c'est à ce grand Roi que le public doit les attribuer.

COURS THÉORIQUE ET PRATIQUE

DE LANGUE ET DE LITTÉRATURE FRANÇOISE.

RÉFLEXIONS GÉNÉRALES SUR LA LANGUE FRANÇOISE.

CHAPITRE I.
Des causes de la décadence de la langue françoise en France & en Allemagne.

Pour découvrir les causes de la décadence de la langue françoise, il est à propos d'examiner auparavant comment elle est parvenue au degré de perfection que nous admirons dans les grands écrivains.

Cette langue informe jufqu'au douzième fiècle, refta dans la barbarie jufqu'au règne de François I. C'eft fous ce prince qu'elle commence à prendre une marche régulière. Il y contribua beaucoup par fon amour pour les lettres, mais fur-tout par l'édit de Villers-Cotterets, donné en 1539. Jufqu'alors tous les actes publics avoient été écrits en latin; toutes les procédures fe faifoient en latin, & les procès du peuple étoient plaidés & jugés dans une langue qu'il ne comprenoit point. François I. fentit le ridicule de cet ufage, & par l'édit dont je viens de parler, il ordonna que le françois feroit déformais la langue de la chancelerie & des tribunaux. Cette ordonnance eut des fuites heureufes; & l'on fut obligé d'étudier le françois.

Rien n'étoit plus propre à perfectionner la langue. C'eft au barreau que naquit l'éloquence; & c'eft de l'éloquence qu'une langue peut tirer fes principales richeffes. Faites une injure violente au plus groffier des hommes, enlevez-lui ce qu'il a de plus cher; s'il peut vous traîner devant un juge, vous verrez fa phyfionomie s'animer; fes regards, ses gestes, ses paroles, tout peindra le ressentiment de l'outrage & le désir de la vengeance. A travers son langage grossier, vous appercevrez des images, de la force, de l'énergie ; vous découvrirez dans son récit de l'ordre, de la liaison, une certaine élégance ; il prendra naturellement les tours propres à faire sentir l'injustice de son adversaire, & à se concilier l'estime & la compassion de ses juges.

Cependant cette réforme n'étoit encore qu'un pas. La langue françoise étoit méprisée. Erasme, le plus bel esprit de son siècle, la dédaignoit. Tout ce qu'on appelloit alors savant auroit cru avilir les sciences en leur faisant parler un langage à la portée du vulgaire.

Deux partis divisoient ces prétendus savans : d'un côté les scholastiques & les théologiens parloient un langage inintelligible ; de l'autre les latinistes, admirateurs outrés des beautés des anciens, regardoient avec une espèce de respect religieux tout ce qu'ils avoient produits, & se servoient sans goût & sans discernement des trésors de l'antiquité : les uns & les autres négligeoient la langue françoise, & prenoient leur latin barbare pour la langue des Cicéron & des Tite-Live.

La poésie ne contribue pas moins que l'éloquence à tirer une langue de la barbarie. La nécessité de donner aux phrases une marche mesurée & en même tems élégante, le besoin de peindre les objets variés qui naissent en foule dans une imagination brillante & féconde, occasionnent des efforts, font naître des observations ; les pensées prennent mille formes diverses sous la plume du poète, souvent il épuise toutes les tournures possibles avant que de trouver celle qui lui convient; son oreille saisit avec avidité les plus harmonieuses, les plus riches, les plus élégantes ; elle s'y accoutume insensiblement ; son goût se forme, & ses ouvrages deviennent des modèles.

Tel est le service que Malherbe rendit à la langue françoise. Il fut le premier sans doute qui mérita vraiment le nom de poète françois.

Enfin Malherbe vint, & le premier en France
Fit sentir dans les vers une juste cadence.
BOILEAU, *Art poétique.*

En effet, pouvoit-on honorer du nom de poésies le galimatias bigarré de grec & de latin qui sortit de la plume barbare de ceux qui le précédèrent. Quelle distance de Ronsard à Malherbe ! Il n'y a pas si loin à beaucoup près de Malherbe à Rousseau.

C'est au dix-septième siècle, lorsqu'on cessa d'écrire en latin, que la langue françoise prit vraiment un caractère; c'est alors que l'Académie françoise fut établie pour juger du bon usage & fixer les lois du langage; c'est alors que les encouragemens & les bienfaits de Louis XIV firent naître des grands hommes dans tous les genres. Quand la considération & la fortune furent la récompense des grands talens, ils parurent en foule. On vit renaître dans nos tribunaux & dans nos églises l'éloquence de la Grèce & de Rome : Paris eut ses Sophocles & ses Térences; & la France ne connut plus de rivale dans la carrière des lettres.

Une langue s'étend à mesure que les connoissances augmentent. De nouvelles sciences paroissent dans le dix-septième siècle. Les nouvelles découvertes faites en physique, en méchanique, en astronomie, perfectionnent les sciences qui en dépendent. On sent la néceſſité de l'algèbre & de la géométrie; & l'algèbre & la géométrie conduiſent à la vraie philoſophie. Plus on acquiert de connoiſſances, plus le beſoin de les développer augmente. La multiplicité & la complication des rapports font naître de nouvelles difficultés; on fait de nouveaux efforts, & la langue rend aux ſciences les ſervices qu'elle en a reçus.

Une choſe qui ne contribua peut-être pas moins à la perfection de la langue, que les cauſes dont je viens de parler; c'eſt le Journal des Savans, commencé à Paris en 1665. Ce Journal, le premier & le plus ancien des journaux, s'eſt conſervé juſqu'à nos jours. On ſentit bientôt le ſervice qu'il rendoit à la littérature. Le célèbre Colbert, dont le nom eſt ſi cher aux lettres, le protégea & le ſoutint de tout ſon pouvoir. Dans la ſuite, le chancelier lui-même choiſit un certain nombre de ſavans pour le compoſer ſous ſes yeux. Depuis ce tems-là, il a toujours été compoſé ſous la protection du gouvernement: c'eſt toujours le chancelier qui choiſit les auteurs, & qui préſide à leurs aſſemblées.

En effet, rien ne forme plus le goût des écrivains & des lecteurs qu'une critique juste & sévère. L'homme de génie qui commence à prendre un essor, trouve dans un bon journal un ami sincère qui lui découvre ses défauts, qui l'avertit de ses écarts, qui le dirige & lui trace la route qu'il doit suivre. Le bon écrivain y reçoit le juste tribut d'éloges que méritent ses travaux; & le sot présomptueux, couvert du ridicule qu'il s'est attiré, abandonne à jamais une carrière pour laquelle il n'étoit pas né. Telles sont les principales causes qui ont porté la langue françoise au point de perfection où nous la voyons dans les bons auteurs du siècle de Louis XIV.

Mais si ces causes contribuèrent à perfectionner la langue françoise, il en est d'autres qui retardèrent ses progrès. A quel degré de perfection ne seroit-elle pas parvenue si tout avoit concouru à la favoriser. La langue d'une nation s'enrichit à proportion de l'étendue de ses idées, & les idées ne s'étendent que par la liberté. Le despotisme religieux soutenu par le despotisme politique, abrutit l'humanité plus que le climat & la pauvreté.

L'inquisition a flétri la raison dans les riantes contrées de l'Espagne, du Portugal & de l'Italie, & la liberté a fait naître la véritable philosophie au milieu des glaces du Nord. En France, les écrivains laborieux qui ont étendu les bornes de la philosophie, ont toujours été persécutés par la sorbonne ou par les évêques. Ces vils fainéans que l'ignorance & la superstition ont couverts de pourpre, s'engraissent orgueilleusement de la substance du peuple, & ne s'arrachent des bras de la débauche que pour persécuter quiconque ose avoir de la raison. Les ouvrages des grands écrivains que la France a produits feront à jamais sa gloire, mais les viles censures de la sorbonne lui préparent une honte éternelle.

Il est glorieux, sans doute pour le gouvernement d'avoir protégé le Journal des Savans; mais cette gloire seroit bien plus grande encore, s'il ne mettoit pas en même tems à la liberté des écrivains les bornes chimériques que ses craintes & ses préjugés lui ont fait imaginer.

Ce n'est pas l'éducation qui contribua à réformer la langue. Nos collèges se ressentent encore
de

de nos jours des tems de barbarie où ils ont été fondés. L'étude du latin & du grec, doit assurément faire une partie essentielle de l'éducation. Les chef-d'œuvres que l'antiquité nous a transmis dans ces deux langues, seront à jamais nos modèles. Les Grecs sur-tout nous apprendront à tirer de la nature même le vrai sublime; & c'est peut-être pour ne les pas assez étudier que nous prenons les ornemens pour des beautés, que nous préférons la parure à la physionomie.

Mais cette étude ne doit pas être notre étude principale: c'est le génie de ces écrivains qui doit nous inspirer; ce n'est pas leur langue qui doit nous fournir des expressions & des couleurs: il s'agit de les sentir & de les comprendre; il ne s'agit pas de parler comme eux. Cependant à voir la manière dont nous enseignons ces langues aux jeunes gens, on diroit qu'ils sont destinés à n'en parler jamais d'autres. Dès l'âge de sept ans, on courbe la tête des enfans sur des livres grecs & latins; & pendant huit ans ils n'apprendront pas autre chose. Encore si l'on se bornoit à tâcher de les leur faire comprendre: mais il faut

B

qu'ils travaillent à compofer eux-mêmes dans ces langues ; il faut qu'ils faffent du latin, & qu'ils le faffent felon les règles de la grammaire. Et le françois qu'ils doivent parler, qu'ils doivent écrire, il n'en eft pas queftion. En fortant des humanités, parlez latin, fi vous voulez; mais fi vous vous deftinez à quelqu'emploi, à quelqu'étude, dont la connoiffance de votre langue faffe la bafe, recommencez vos études, vous n'avez rien appris.

Il me femble que l'étude de la langue nationale devroit faire par-tout la bafe de l'éducation des citoyens. Le tems que nous y employerions ne feroit pas perdu pour les langues étrangères: l'analogie nous feroit faire enfuite des progrès bien plus rapides. Il eft ridicule de nous faire apprendre les règles de la grammaire fur une langue que nous ne favons pas. Une grammaire, quelconque, n'eft qu'une fuite d'obfervations fur une langue. Avant que d'obferver il faut connoître; & l'on veut faire comprendre à des enfans de fix ans ce que c'eft qu'un fubftantif, en leur donnant pour exemple des mots qu'ils n'ont jamais entendus, & dont ils ne comprennent point le fens ! Avec quelle facilité un enfant ne comprendroit-il pas les élémens de la grammaire, fi on commençoit par les lui ■re appercevoir dans les phrafes que fes befoins ou fes plaifirs lui ont rendues familières ! avec quelle facilité ne les appliqueroit-il pas enfuite aux autres langues, lorfque l'ufage l'auroit mis en état de les comprendre !

D'ailleurs, rien ne conduit mieux à la connoiffance des chofes inconnues que le rapport qu'elles ont avec celles que nous connoiffons. C'eft donc l'étude de la langue françoife qui devroit conduire à celle des autres langues ; c'eft donc par cette étude qu'il faudroit commencer.

Jufqu'ici je n'ai parlé que des humanités ; mais c'eft fur-tout dans la manière dont on enfeigne en France la philofophie & la théologie, qu'on remarque des reftes fenfibles de cette barbarie fcholaftique qui fut fi funefte aux fciences & à la raifon. Inftruifez un fauvage, un huron, apprenez-lui le françois & le latin ; faites-lui lire la Henriade & l'Efprit des lois, apprenez-lui les découvertes que nous venons de faire en phyfique, en mathématiques, en aftronomie; amenez-le à Paris, introduifez-le dans une école de philofophie, ou faites-le affifter à une thèfe de forbonne, quel fera fon étonnement en voyant nos jeunes gens efcrimer dans un latin barbare fur l'univerfel, *à parte rei*, fur le *malum qua malum*, fur l'immaculée conception, fur la philofophie d'Adam, ou la grâce efficace ! Qu'il demande alors où font les écoles où l'on forme les Montefquieu, les Voltaire, les Rouffeau, les d'Alembert, les Buffon, les Marmontel ? fi l'on veut être vrai, il faudra lui répondre : ces grands hommes fe font formés d'eux-mêmes dans l'obfcurité & le filence, & ils font perfécutés tous les jours par ces miférables faifeurs d'argumens qui outragent le fens commun. Alors il s'écriera fans doute, que c'eft nous qui fommes les fauvages, & il regrettera le pays des hurons, où il n'y a point de théologiens qui faffent la guerre au bon fens.

L'enfance eft le tems où l'on doit commencer à former le goût & la raifon : ce n'eft pas celui d'apprendre des fciences qui exigent du raifonnement ; il faut apprendre à raifonner auparavant.

La poéſie, l'éloquence, la muſique; en un mot les beaux-arts : voilà ce qui forme le goût. Les premières impreſſions ſont inneffaçables. Accoutumez les enfans à un langage doux & harmonieux; formez leurs oreilles aux charmes de l'élégance & de la mélodie; ornez leur mémoire des plus beaux morceaux de nos poètes & de nos orateurs, & vous jetterez en eux les ſemences du bon goût. Ils ne les comprendront pas, me répondra peut-être Rouſſeau? Non ſûrement; & mon deſſein n'eſt pas encore de les leur faire bien comprendre. Mais leurs organes ſe formeront machinalement aux grâces de la poéſie & de l'éloquence; mais ils ne pourront ſupporter tout ce qui s'écartera tant ſoit peu de l'idée habituelle qu'ils ſe feront formée de la douceur & de l'harmonie du langage; mais s'ils écrivent, ils écriront d'une manière conforme à ces idées, ou ils n'écriront jamais : mais ils ſe formeront un magaſin précieux de richeſſes dont la raiſon & le tems leur découvriront l'uſage. Et que diroit-on aux enfans ſi on ne leur diſoit que ce qu'ils comprennent?

C'eſt dans les ſciences qu'il eſt dangereux de

B iij

faire apprendre des chofes que l'on ne comprend pas. C'eft en morale, en philofophie que cet ufage néceffairement pernicieux, ouvre l'ame ingénue des jeunes gens aux erreurs & aux abfurdités de toute efpèce que les impofteurs voudront y introduire. Dans les arts dont je parle, il ne s'agit que de l'harmonie des phrafes & des périodes, de l'élégance des tours, de la douceur des fons: c'eft un enfant que l'on deftine à la mufique & qu'on veut préparer à fentir un jour tous les charmes de cet art, en accoutumant fon ame aux morceaux les plus délicieux des grands maîtres.

Mais quels font les premiers livres qu'on met entre les mains des enfans? Des livres faits pour les dégoûter à jamais de l'étude & de la lecture, des méthodes, des rudimens, des particules, livres hériffés de règles barbares, des catéchifmes plus barbares encore.

C'eft fur-tout en leur enfeignant la religion qu'on pourroit faire paffer dans leur ame le goût du beau, en même tems qu'on les formeroit à la vertu. Quels objets plus propres à être traités d'une manière pure & élégante que les grandes vérités de la religion! L'existence de Dieu, la magnificence de ses œuvres, le vif sentiment de ses bienfaits, l'expression naïve & l'effusion abondante d'un cœur enflammé de reconnoissance & d'amour; la piété filiale, les charmes de la douceur, les douceurs de l'innocence, les angoisses de la haine; voilà autant de sujets susceptibles de l'éloquence la plus vraie, la plus noble, la plus simple, & en même tems la plus sublime.

Mais pour faire de tels discours, il faudroit croire ces grandes vérités, il faudroit en être persuadé dans le fond de son cœur. On exprime mal ce qu'on ne croit point : voilà pourquoi tous les catéchismes de nos évêques & de leurs grands-vicaires sont si mal faits; voilà pourquoi ils ne les feront jamais tels qu'on devroit les faire. Cette tâche n'appartient qu'aux vrais philosophes; & les vrais philosophes ne sont pas évêques.

Quant à la raison des enfans, on ne peut la former que par les élémens du calcul & de la géométrie. Les premiers principes de ces sciences, appliqués à des objets sensibles, & enseignés par des hommes intelligens & amis des enfans, ces premiers principes ne feroient point au-deffus de leur portée. Orner la mémoire des enfans des morceaux les plus purs & les plus éloquens dans les langues qu'on veut leur faire apprendre, former leur raifonnement par les élémens du calcul & de la géométrie; voilà les premières études de l'enfance & les feules dont elle puiffe profiter jusqu'à douze ans. Parvenus à cet âge, c'eft alors qu'on peut développer les connoiffances qu'ils ont acquifes, ils apprendront la grammaire en faifant des obfervations fur les morceaux dont leur mémoire eft remplie. Ces mêmes obfervations pouffées plus loin, les conduiront à la connoiffance des règles de l'éloquence. Et ces fciences tirées des mêmes fources, des fources que l'habitude leur aura rendues familières, s'imprimeront bien plus fortement dans leur efprit, les occuperont bien plus agréablement que fi elles ne leur euffent préfenté que des idées étrangères & nouvelles.

Il en eft de même de la géométrie & du calcul. La méchanique, la géographie, l'hiftoire, l'art militaire, tout eft fondé fur des raifonnemens & fur des combinaifons; tout fera le développement d'une étude familière, tout fera l'application des principes fimples dont la lumière les a frappés mille fois. Ils auront acquis de la raifon & du goût, la fphère de leurs connoiffances s'étendra bientôt ; s'ils écrivent, ils le feront dignement, à moins qu'ils ne foient totalement dépourvus de génie.

L'ufage de la langue latine, dans l'églife romaine, a contribué, fans doute, à retarder les progrès de la langue françoife. Par une bifarrerie fingulière, on enfeigne aux enfans à lire le latin avant que de leur apprendre leur propre langue : les fons de ces deux langues fe confondent dans leur petite tête. C'eft en latin qu'ils prient, qu'ils chantent dans les églifes ; c'eft en latin que font célébrés les myftères de la religion ; c'eft du latin qu'ils apprennent dans leurs écoles, dans leurs maifons, dans leurs églifes ; c'eft par le latin qu'ils peuvent plaire à leurs parens, à leurs prêtres ; c'eft le latin qui peut leur attirer les louanges, l'approbation, la tendreffe de tout ce qu'ils doivent chérir & refpecter. Quel miracle s'ils fongent un inftant à la langue de leur pays! quel miracle s'ils ne la méprifent pas!

Lorsque François I ordonna que tous les actes de justice seroient écrits en françois, il vouloit tirer la langue de la barbarie & hâter ses progrès : il ne pensoit pas qu'on conserveroit une partie de ce langage, même lorsqu'il seroit devenu barbare. Autrefois chaque tribunal avoit son jargon particulier. Une ordonnance de 1667 eut pour but de rendre par-tout la procédure uniforme. On avoit même dessein de faire des formules imprimées pour tout le royaume, d'y introduire un style uniforme. C'étoit quelque chose; & il auroit été plus facile ensuite de ramener ces formules à un langage si non élégant, du moins supportable; mais le peuple des gens de loi fit naître mille difficultés; & la chose n'eut pas lieu.

Ces obstacles retardèrent les progrès de la langue dans le beau siècle de la littérature. Aujourd'hui que la plupart des causes favorables ont disparu, ils contribuent à sa décadence : les écoles sont à peu près sur le même pied ; l'éducation est aussi mauvaise ; la censure plus despotique que jamais; l'église romaine psalmodie toujours son mauvais latin; la sorbonne soutient ses thèses ridicules, &

les tribunaux n'ont pas quitté leur jargon inintelligible.

Mais d'un autre côté on ne donne plus en France les mêmes encouragemens aux sciences. C'est du fond du nord que les récompenses viennent chercher nos philosophes : c'est le roi de Prusse & l'impératrice de Russie qui les encouragent; & ce sont les femmes qui procurent des places à l'académie françoise.

La plupart des journaux ont pris un ton complimenteur qui devient fade & insipide ; ou ils louent bassement, ou ils déchirent avec rage. Leurs arrêts sont dictés par la partialité ; & le besoin de se procurer un plus grand nombre de souscripteurs, ou de se venger d'un ennemi, détermine presque toujours leur jugement. Les bons écrivains s'en moquent; le public les méprise, & leurs critiques ne corrigent plus personne. Je n'en connois que deux qui méritent le succès qu'ils ont eu: c'est le journal de Paris & le journal encyclopédique.

La révocation de l'édit de Nantes, cet acte de foiblesse, que tous les bons françois voudroient arracher de la vie de Louis XIV, & que les philofophes y laifferont pour l'exemple des rois, la révocation de l'édit de Nantes répandit un grand nombre de françois en Allemagne, en Angleterre, en Hollande & en Suiffe. Mais la langue françoife y étoit déjà prefqu'auffi cultivée qu'elle l'eft aujourd'hui parmi les gens riches & bien élevés. Si les réfugiés ont contribué à l'étendre dans ces pays, ce n'eft guère que parmi le peuple. Et comment le peuple apprend-il une langue étrangère?

Le Brandebourg fut, fans doute, le pays où accoururent le plus grand nombre de réfugiés : ils y refluèrent de la Suiffe & de la Hollande. Les bienfaits du grand Electeur ne contribuèrent pas peu à les attirer. Mais ces bienfaits augmentèrent la foule d'une grande quantité de populace, que l'inconftance, la pareffe, ou l'efpérance d'un meilleur fort avoient pouffés hors de leur patrie, plutôt que le zèle de la religion. Les gentilshommes & les gens de quelque mérite furent placés à la cour ou dans les armées; le refte fut obligé de s'appliquer au commerce, aux fabriques ou aux métiers. Si l'on en croit deux prêtres de la Colonie françoife de Berlin, le plus grand nombre des réfugiés étoient des gens fimples & obfcurs. (*a*) Affurément l'induftrie de ces premiers colons, leur zèle, leur activité, leur économie font dignes de louanges. Plufieurs d'entr'eux ont fait des fortunes confidérables; mais en travaillant à s'enrichir, ils ne fongèrent guère à perfectionner la langue; & en changeant leur fituation, ils ont confervé le langage de leur premier état.

Ce langage étoit mauvais par lui-même; parce que par-tout le peuple parle mal: il l'étoit davantage encore, parce que ce peuple étoit forti de plufieurs provinces de France, qui ont chacune leur patois particulier. Selon les mêmes prêtres, (*b*) la plupart des réfugiés qui vinrent dans le Brandebourg étoient fortis du Languedoc, du Dauphiné & de la Provence. Les patois de ces trois provinces fe réunirent comme

---

(*a*) Mémoires pour fervir à l'hiftoire des réfugiés françois dans les Etats du Roi, par Erman & Réclam: Tom. I, pag. 285 & 350.

(*b*) Item pag. 239.

les gens qui les parloient; le commerce qu'ils furent obligés d'avoir avec les allemands leurs bienfaiteurs, corrompit encore plus leur langage ; & c'eſt ainſi que ſe forma ce patois barbare que l'on parle encore aujourd'hui dans la Colonie françoiſe de Berlin, & dont la prononciation ſur-tout eſt ſi déſagréable.

Cependant quelques miniſtres diſtingués par leurs talens & leurs connoiſſances, conſervèrent pendant un certain tems, parmi les réfugiés, quelques veſtiges de la langue françoiſe. Beauſobre, Lenfant, Péloutier & quelques autres, furent des gens de lettres diſtingués : mais leurs ſucceſſeurs n'héritèrent pas de leurs talens. Les fils des riches colons préférèrent la conſidération que procurent les richeſſes, à celle que produiſent la ſcience & les travaux apoſtoliques. Les chaires ne furent plus guère remplies que par des jeunes gens tirés de la claſſe la plus obſcure de la Colonie, & ils y portèrent le langage de leurs familles. (c)

Ces cauſes ne contribuent pas ſeules à corrompre

(c) Voyez la feuille hebdomadaire intitulée : *Le Maître de langue*. Leipzig, 1783.

le langage des réfugiés. La vieille traduction de la Bible dont ils se servent, les vers gothiques qu'ils chantent dans leurs églises, les catéchismes qu'ils font apprendre à leurs enfans, tout a contribué chez eux à corrompre la langue & à former dans leurs écrivains ce style que Mr. de Voltaire appelloit *le style réfugié*.

Le latin des catholiques ne nuit pas tant à la langue que le mauvais françois des réfugiés. Le premier retarde ou arrête les progrès; le second corrompt.

Voici quelques passages de la Bible tels qu'ils sont rapportés dans le catéchisme de la Colonie de Berlin, qu'on fait apprendre avec soin aux enfans. Tous ceux qui me connoissent savent le respect que j'ai pour la Bible, & jusqu'à quel point je suis persuadé qu'elle doit être sans cesse entre les mains des fidèles & sur-tout des enfans. Mais est-il nécessaire que les saintes vérités qu'elle contient soient présentées sous une forme dégoûtante? faut-il gâter l'esprit des enfans en leur formant le cœur? faut-il leur présenter d'une manière obscure les vérités si claires de ce livre divin? Laissons aux charlatans & aux imposteurs le langage énigmatique : la vérité ne craint point la lumière.

Ma chair & mon cœur étoient consumés ; mais Dieu est le rocher de mon cœur, & mon partage à toujours.

Car voilà ceux qui s'éloignent de toi périront, tu retrancheras tous ceux qui se détournent de toi. Ps. LXXIII. v. 26 & 27.

Quelles idées les enfans peuvent-ils attacher au premier verset ? *Le rocher de mon cœur ?* quel langage !

Car voilà ceux qui s'éloignent de toi périront, &c. &c. Un enfant qui a cette phrase dans la mémoire, en formera tous les jours sur ce beau modèle ; & quand on l'appellera, il répondra tout naturellement, *voilà je viens.*

Il n'y a aucune créature qui soit cachée devant lui, mais toutes sont nues & entièrement ouvertes aux yeux de celui devant lequel nous avons affaire. Heb. VI. v. 12.

Des créatures nues ! des créatures ouvertes devant Dieu ! avoir affaire devant quelqu'un ! quelles phrases !

Avant

Avant que les montagnes fuſſent nées.

Des montagnes qui naiſſent!

Nous ſavons que ſi notre habitation terreſtre &c. cette loge *eſt détruite, nous avons un édifice de* par Dieu *ſavoir une maiſon éternelle dans les cieux* qui n'eſt point faite de main. 2. Cor. 5. v. 1.

Ne diroit-on pas qu'on dit *de par Dieu* comme on dit *de par le Roi?* Qu'eſt-ce qu'un édifice qui n'eſt point fait *de main?*

Ta parole eſt une lampe à mon pied, & une lumière à mon ſentier. L'entrée de tes paroles illumine, & donne de l'intelligence aux ſimples. Pſ. CXIX. v. 105 & 130.

Un tel langage n'eſt aſſurément pas une lampe au pied de ceux qui veulent apprendre le françois, ni une lumière à leur ſentier. *Une entrée de paroles qui illumine & qui donne de l'intelligence* n'eſt guère françoiſe.

La loi de l'Eternel eſt parfaite & reſtaurant *l'ame.* Pſ. XIX. v. 8.

Voilà un *reſtaurant* bien lacé!

Ne vend-on pas deux paſſereaux pour un ſou &c. Matth. X. v. 29.

C

Cette phrase a fait fortune dans la colonie ; & on entend dire tous les jours, *on vend cela* pour *un écu.*

Car dès le jour que tu en mangeras (du fruit défendu) tu mourras de mort &c. Gen. 11. v. 16. 17.

Comme si l'on pouvoit mourir de vie !

Qu'est-ce que de l'homme mortel qu'il *soit pur, & de celui qui est né de femme* qu'il *soit juste.*

Et toi, Bethléem petite pour être *entre les milliers de Juda, de toi,* me sortira *celui qui doit être dominateur en Israël* &c.

Telle est la prose que l'on fait apprendre journellement par cœur à tous les enfans des réformés. Les vers qu'ils chantent dans leurs églises sont encore plus pitoyables.

Voici un pseaume qui pourra nous en faire juger.

PSEAUME CXXXVII.

I.

Assis aux bords de ce superbe fleuve,
Qui de Babel les campagnes *abreuve,*
Nos tristes cœurs ne pensoient qu'à Sion ;
Chacun hélas ! dans cette affliction,
Les yeux en pleurs, *la mort peinte au visage,*
Pendit sa harpe aux saules du rivage.

Abreuver dans le sens actif ne se dit que des bêtes & particulièrement des chevaux. *La mort est peinte* sur *le visage* & non *au visage*.

2.

Ceux qui captifs en ces lieux nous menèrent
Nos hymnes saints cent fois nous demandèrent
Ils nous pressoient *de les leur réciter;*
Ha! dîmes-nous pourrions-nous *les chanter?*
Quoi! nous pourrions dans une terre *étrange*
De notre Dieu profaner la louange!

3.

Puisse ma main oubliant *la science*
Laisser mon luth languir dans le silence;
Si de Sion je perds le souvenir!
Puisse ma langue *à mon palais tenir*
Jérusalem! si jamais j'ai de *joye*
Que dans tes murs la paix je ne *revoye*.

4.

Mais toi, Seigneur! *remets dans ta mémoire*,
De nos malheurs la déplorable histoire
Les fils d'Edom, SOUVIENS-T'EN, s'écrioient,
Lorsqu'en fureur ta ville ils ruinoient
Vite, abatez qu'elle soit embrasée,
Et jusqu'au pied des fondemens rasée.

Ce *souviens-t'en* est d'une platitude dégoûtante, & d'une familliarité impie.

5.

Fière Babel qui réduis tout en cendre
Heureux celui qui doit un jour te rendre,
Les maux cruels que ta main nous a faits;
Heureux qui doit te détruire à jamais,
Qui t'arrachant tes enfans des mamelles,
Ecrasera leurs têtes infidelles.

Cette dernière strophe est sur-tout remarquable par la délicatesse & la beauté du sentiment.

Voici une strophe qui offre une chûte admirable.

Un jour, un jour, de ton sein sortira
Le Rédempteur de son peuple fidèle;
Il mettra fin à sa peine cruelle
Israël libre enfin triomphera
Jacob rira.

Cette chûte seule suffiroit pour faire rire toutes les tributs ensemble.

Tels sont les livres que les prêtres sont obligés de lire & de méditer; telles sont les premières phrases que l'on imprime dans la mémoire des enfans; tels sont les vers barbares destinés à exprimer l'hommage qu'ils rendent à l'Être suprême. Il est impossible de bien parler françois quand on a la tête pleine de toutes ces phrases. Il faut donc nécessairement que parmi les réfugiés qui écrivent, les prêtres soient ceux qui écrivent le plus mal: l'expérience confirme ce que j'avance.

Cependant ce sont eux que la rage d'écrire tourmente le plus. Leurs rapsodies inondent l'Allemagne; la plus fade homélie sortie de leur plume paroît bientôt dans la boutique des libraires; & si le public s'obstine à l'y laisser, un colporteur court aussitôt de maisons en maisons, & ne quitte pas une porte qu'on ne l'ait poussé dans la rue par les épaules, ou qu'on n'ait acheté la sainte brochure.

Ces livres circulent ainsi dans toutes les maisons de la colonie, & contribuent à y entretenir le mauvais langage. L'éloignement de la France rend les bons livres françois fort chers; de sorte que la littérature des colons, qui sont pauvres ou dévots, se borne aux homélies de leurs prêtres. (*a*)

(*a*) Voilà ce qui m'a fait naître l'idée de faire une édition du théâtre d'éducation de Madame de Genlis, que l'on pût se procurer à bon marché. Cet ouvrage & les

Les réfugiés obtinrent le privilège d'avoir leur juſtice particulière, & n'ont pas manqué de transplanter dans leurs tribunaux le jargon de la chicane françoiſe ; & ce jargon y a fait des progrès merveilleux. (*b*)

Outre les prêtres françois, il eſt encore, en Allemagne, une eſpèce d'auteurs qui écrivent à tort & à travers, & déchirent impitoyablement la langue & le bon goût : ce ſont des comédiens, des

converſations d'Emilie, ſont les deux meilleurs que je connoiſſe pour enſeigner la langue françoiſe aux jeunes étrangers. Cette édition en quatre vol. ſe vend chez Ar. Vever, & ne coûte qu'un écu d'Allemagne.

(*b*) Voici un fait qui prouvera que quelques juges colons trouvent un grand plaiſir à ſe ſervir des expreſſions baroques de la chicane, & qu'ils ſe font même une gloire d'en découvrir de nouvelles. Un homme avoit fait un ouvrage dont le cenſeur avoit refuſé de permettre l'impreſſion : l'auteur ſe ſoumit ; & le manuſcrit ne fut point imprimé. Quelques mois après, un magiſtrat ſe crut en droit de ſe faire livrer le manuſcrit, quoiqu'il n'y eût rien ni contre le gouvernement, ni contre la religion, ni contre les mœurs. On eut beau lui repréſenter qu'un manuſcrit étoit une propriété, que les lois ne l'autoriſoient point à attenter à la propriété des citoyens, & que d'ailleurs un ouvrage condamné à la cenſure pou-

valets de chambre, des commis, des maîtres de langue. Tous ces gens-là font de la profe & des vers. On troque une centaine de leurs brochures à la foire de Leipzig, & ils fe croyent auteurs. Ceux qui ne favent pas bien la langue, s'imaginent fe perfectionner en lifant ces platitudes qui leur tombent fous la main. Nous avons eu des drames, des comédies, des divertiffemens; nous avons des couplets à Iris, des énygmes, des

voit prendre une autre forme & mériter dans la fuite l'approbation refufée d'abord: tout fut inutile; le pauvre auteur fut obligé de fubir un interrogatoire. Ayant déclaré avoir perdu quelques papiers qu'on lui demandoit, le magiftrat dicta à peu près la phrafe qui fuit au fecrétaire qui écrivoit le procès-verbal, que ces Meffieurs appellent *protocolle*.

Lequel ayant été requis de remettre tels & tels papiers, déclara les avoir adirés!.. &c.

A ce mot *d'adirer* le jurifconfulte fit une paufe, & regarda fixément le fecrétaire & l'interrogé; mais comme il ne remarqua aucun mouvement admiratif fur les deux phyfionomies: " Vous ne connoiffiez peut-être pas ce „ mot-là, leur dit-il, d'un air triomphant ; c'eft un „ terme de chicane qui veut dire *perdu, égaré*." Quel dommage que l'on n'ait pas mis cette belle réflexion dans le *protocolle!*

logogryphes, des charades, des chanfons; la plupart de ces beaux morceaux qui ne peuvent obtenir à part les honneurs de la Typographie, fe réfugient dans une gazette prétendue littéraire, qu'on diftribue tous les dimanches à Berlin. Et quand il ne fe vendroit que cinquante exemplaires de cette gazette, & qu'on n'en liroit que quinze, ce feroit toujours quinze perfonnes qui rifquent de prendre un mauvais goût dans une mauvaife feuille.

Voici un petit échantillon de la profe & des vers qu'on trouve ordinairement dans la gazette littéraire de Berlin. Celle du lundi 3 Juin 1782, commence ainfi:

" La terre s'échauffe aux rayons du foleil, dont
„ la chaleur vivifiante fait fortir les fruits qu'elle
„ renferme; la verve des poètes s'échauffe à l'as-
„ pect du *grands* homme, à l'éclat des grands
„ évènemens, & fes productions fe multiplient.

Vous ne devineriez jamais où va nous conduire ce galimatias pompeux. Il s'agit d'annoncer quelques pièces de vers que l'on a faites fur l'abbé Raynal à fon arrivée à Berlin. C'eft M. Raynal qui eft le foleil dont les rayons vivifians vont échauffer la verve des poètes de Berlin, & en faire sortir les fruits qu'elle renferme; c'est à l'aspect de ce *grands* homme, à l'éclat de ses grands événemens que les productions de cette verve vont se multiplier.

Pour nous prouver l'effet de cette *vivification*, l'auteur nous donne entr'autres une pièce de deux cents cinquante vers qui est curieuse & originale : j'en rapporterai quelques vers. Elle commence ainsi :

>Voir Raynal & savoir rimer ;
>Le voir & le *suivre à la trace*,
>Et ne pas *s'enthousiasmer*,
>C'est s'exposer à *la disgrace*
>*D'irriter* le Dieu du Parnasse,
>Et de n'en approcher jamais.
>*N'y perdons pas le réduit sombre*
>*Qu'on nous y laisse à peu de frais ;*
>Et des rimeurs bons ou mauvais,
>*Par état* augmenton le nombre
>D'autres ont fait ce que je fais
>Et n'ont pas craint de *servir d'ombre*
>*Aux tableaux d'auteurs plus parfaits.*

Il n'y a pas l'ombre du bon sens dans toute cette tirade.

Annoncer le nom d'un grand homme
Qui s'élève contre l'erreur,
Qui de nos maux hardi vengeur,
Veut en mettre à zéro la somme.
C'est un plaisir, c'est un bonheur
Que de Spa la nymphe naïve
A goûté d'une *façon vive*
En célébrant l'abbé Raynal :
Hommage qui du fanatisme
Animant l'intolérantisme,
L'a sous un air pontifical
Rendu si fort original,
Et si digne de l'exorcisme,
Dont un sacré charlatanisme
Tracasse l'esprit infernal....

L'hommage de la nymphe de Spa animant l'intolérantisme, a rendu l'abbé Raynal, ou l'intolérantisme, *si fort original, sous un air pontifical, & si digne de l'exorcisme dont le sacré charlatanisme, tracasse l'esprit infernal.* Je ne crois pas qu'il soit possible de réunir plus de bêtises & d'inepties dans un si petit espace.

Et l'Europe apprit à connoître
Que *Frédéric* étoit un maître
Qu'il falloit laisser en repos.

Le dernier vers est d'une naïveté admirable.

>Pendant ce sanglant *Cataclysme*
>L'intolérant catholicisme......

Le courage me manque pour aller plus loin. Le gazetier s'excuse de la longueur de cette épître d'une manière qui prouve son bon goût: " Quoi-
„ que cette épitre soit un peu longue, dit-il,
„ nous n'avons point voulu la donner à nos lec-
„ teurs en deux fois, afin de ne point en *altérer*
„ *l'intérêt*". C'est le même homme qui, dans une épître au Roi, fait *chanter ses bienfaits par un burin.*

>Ta main sauve les arts du sommeil léthargique
>Dont ailleurs l'indolence enchaîne leurs progrès:
>>Partout *leur burin énergique*
>>Eternise ton nom *en chantant tes bienfaits.*

Assurément quiconque sauroit le françois & s'amuseroit à lire pendant deux mois des platitudes de cette espèce, oublieroit bientôt sa langue, & deviendroit aussi borné que les gens qui les produisent.

A tous ces mauvais ouvrages ajoûtons les grammaires & les dictionnaires dont on se sert pour enseigner le françois aux enfans. Les grammaires de *Curas* & de *Pepliers* qu'on met ordinairement entre leurs mains, sont très-mauvaises, & les jeunes gens n'y peuvent guère apprendre qu'un françois de laquais. Ce sont les phrases ridicules consacrées dans ces grammaires, qui sont cause de plusieurs mauvaises expressions qu'on remarque souvent dans les allemands, qui d'ailleurs savent bien notre langue. La plupart des dictionnaires ne valent guère mieux. Ils ne distinguent que rarement, ou mal, le sens propre du sens figuré; ils ne disent point ce qui appartient à la poésie, à la prose, au discours oratoire, ou au discours familier; & cette négligence fait tomber à chaque instant dans les plus grandes bévues, ceux qui croient qu'on peut écrire purement une langue qu'on étudie dans les dictionnaires.

L'éducation qu'on donne aux enfans de Berlin, loin d'être propre à les garantir de la contagion, ne sert qu'à les y plonger davantage. Excepté l'école royale militaire où le Roi a mis de bons maîtres françois, dans toutes les autres maisons d'éducation, ce sont des colons ou des allemands qui enseignent cette langue. Le collège françois sur-tout, est une source abondante d'où l'on voit sortir à grands flots, & se répandre par-tout, un jargon colon-germanisé, que les enfans gardent pendant toute leur vie. Cela n'est pas étonnant : les prêtres de la colonie y donnent les leçons, & on y reçoit des allemands qui ne savent pas un mot de françois. Les enfans des deux nations corrompent mutuellement leur langage, & on n'a jamais vu sortir de ce collège un jeune homme qui sache assez bien le françois ou l'allemand pour écrire purement dans une de ces langues.

Il y a à Berlin un grand nombre de pensions pour les deux sexes : mais la plupart sont combinées & établies par les prêtres de la colonie. Quiconque n'a pas assez de talent pour réussir dans un métier, quiconque n'a pas eu assez de lumières, d'économie ou de conduite pour se soutenir dans un commerce ou un emploi, cherche ou gagne la protection des prêtres colons, & se croit en état d'élever ou d'enseigner la jeunesse. On a vu des filles de campagne quitter leur village, s'affubler d'une robe & d'un mantelet, & former sous la protection des prêtres des pensions brillantes, où elles enseignoient à la jeune noblesse le françois *dans toute sa pureté.* Malheur à l'homme instruit qui se croiroit assez de lumières & de connoissances pour mériter la confiance du public sans avoir besoin de mendier la protection des prêtres ! Ce ne seroit qu'un vil orgueilleux, qu'un impie capable de corrompre la jeunesse : on cabaleroit pour le détruire ; on le désigneroit dans les homélies ; & le désagrément d'être sans cesse assailli par ces insectes sacrés, lui feroit bientôt abandonner un état dont le public auroit pu retirer les plus grands avantages.

Mais est-ce tout-à-ait aux prêtres qu'il faut s'en prendre de ces abus ? Non ; c'est sur-tout à ceux qui sont assez simples pour s'en laisser imposer par leurs forfanteries, & pour mettre dans ces gens une confiance qu'ils ne méritent point à cet égard.

Telles sont les principales causes de la décadence de la langue françoise à Berlin. Ce ne sont pas les réfugiés françois qui ont introduit notre langue dans le Brandebourg : elle y étoit avant eux; ce ne font point eux qui ont travaillé à l'y perfectionner ; j'ai prouvé qu'ils ont plutôt contribué à la corrompre. Si les allemands du Brandebourg parlent généralement un françois affez pur, fi la nobleffe de ce pays a tant de goût pour la littérature françoife, fi Berlin eft devenu le Paris de l'Allemagne, on le doit à l'accueil & aux bienfaits qu'y reçoivent fans ceffe les gens de lettres les plus diftingués de la France. Les Voltaire, les Maupertuis, les d'Argens, les d'Alembert, ont fait connoître le bon goût à Berlin ; & le génie qui les y appelloit leur a prouvé par fes ouvrages, qu'on pouvoit faire de bons vers fans aller à Paris.

CHAPITRE II.

Des moyens de rémédier à la décadence de la langue françoise.

IL suffisoit de montrer les causes de la décadence de la langue françoise en France & en Allemagne, pour indiquer les moyens d'y rémédier.

La réforme des études, est le premier & le plus efficace. Tant que la plupart des collèges seront entre les mains des moines & des prêtres, l'étude du latin précédera toujours celle du françois; ils inspireront plutôt aux enfans les opinions relatives à leurs intérêts, que les sentimens utiles à l'humanité & à la patrie; ils les accoutumeront aux petitesses & aux niaiseries de leur état; ils en feront des hommes pusillanimes. La richesse de la langue considérée dans chaque particulier, dépend de l'étendue de ses connoissances, de la clarté de ses idées, de la vivacité de ses sentimens. Si l'éducation forme l'esprit & le cœur d'une manière digne de l'homme, la langue s'élévera comme l'ame, elle s'ennoblira comme elle.

Laissez à des hommes ainsi élevés la liberté d'exprimer à leur gré leurs pensées; ne mettez point des bornes au génie; que le philosophe révéré de l'univers ne soit pas obligé d'attendre ou d'acheter l'approbation d'un vil moine, pour communiquer à ses semblables le fruit de ses veilles & de ses travaux. Abolissez cet usage odieux de faire flétrir le génie par ceux qui n'en ont point. Et à quoi vous ont servi les efforts que vous avez faits jusqu'à présent contre la liberté de penser ? à augmenter la gloire de ceux que vous vouliez avilir; à répandre davantage les opinions que vous vouliez étouffer; à vous faire abhorrer de tous les gens raisonnables; enfin à semer l'ignominie que vous recueillerez dans des siècles plus éclairés. Si vous êtes justes, que craignez-vous de la liberté de penser ? si vous ne l'êtes pas, il faut le devenir.

C'est cette liberté seule qui pourroit donner à un bon journal la forme & le caractère qu'il devroit avoir. Choisissez pour le composer des savans dans tous les genres; mais que ce choix soit indiqué par le suffrage du public & non par vos craintes ou vos préjugés; que les critiques arrachent hardiment le masque de l'hypocrisie ; que l'homme assez hardi ou assez lâche pour tâcher encore d'avilir l'humanité, soit terrassé par la force de la raison ; que le philosophe courageux & intrépide qui brave les préjugés du vulgaire & des nations, reçoive le noble prix d'un éloge impartial : voilà le moyen d'étendre la sphère des connoissances, de donner de l'énergie à l'ame & au langage ; voilà le moyen de former de bons de grands écrivains.

L'Académie françoise fut établie pour perfectionner la langue, & en général pour s'occuper de tout ce qui a rapport à la grammaire, à la poésie & à l'éloquence. Elle a, sans doute, rendu de grands services à la langue ; & son dictionnaire est utile. Mais qu'a-t-elle fait en comparaison de ce qu'elle auroit pu, de ce qu'elle auroit dû faire ? Quarante hommes de lettres les plus distingués du royaume, réunis pour former la langue & la perfectionner, n'ont produit encore depuis 150 ans qu'un chétif dictionnnaire, qui ne sauroit entrer en comparaison, pour l'étendue & le travail, avec plusieurs autres qui furent l'ouvrage d'un seul homme. L'Académie françoise en travaillant à de bons ouvrages élémentaires, en faisant un dictionnaire digne d'elle, s'occuperoit plus utilement qu'en composant ces éloges fastidieux dont le nom seul inspire le dégoût & l'ennui. Elle mériteroit par-là de véritables éloges ; & cela vaut mieux que d'en faire.

Mais comment changer le langage des théologiens ? comment faire rentrer la sorbonne dans les bornes d'une saine logique & d'une grammaire raisonnable ? c'est au tems à amener cette révolution. Un grand malheur pour les Etats, c'est lorsque les erreurs religieuses & l'intérêt de ceux qui les enseignent sont étroitement liés avec la constitution politique.

Les prêtres sont plus intolérans & plus persécuteurs que jamais. Chez nos pères la persécution n'étoit souvent dictée que par un zèle mal entendu, tempéré par un reste de douceur évangélique. Ils étoient persécuteurs par dévotion : nous le sommes par méchanceté. Plusieurs croyoient; & nous ne croyons plus. Il y a quelque ressource avec les dévots de bonne foi; il n'y en a point avec les hypocrites. Un pape a voulu donner le chapeau de cardinal à Erasme, qui avoit fait dans les tems les plus ténébreux & les plus zélés, une violente satyre contre les prêtres & contre le siège de Rome : mais dans le siècle de la philosophie, nos archevêques emportent au tombeau la haine qu'ils ont contre nos philosophes.

Enfin le dernier moyen de rendre aux lettres leur éclat, & à la langue sa pureté, ce seroit de mettre de l'équité & du discernement dans le choix des faveurs qu'on fait aux gens de lettres. Quand on préférera une épygramme à un poëme épique & un drame larmoyant à une histoire philosophique, on aura beaucoup d'épygrammes & de drames larmoyans, & les beaux poëmes seront aussi rares que les histoires bien écrites.

En Allemagne la langue françoise a aussi une capitale ; c'est Berlin. C'est là que doit être le centre du bon goût; c'est de là que doivent partir les décisions & les lois. Les auteurs de cette ville, éloignés de Paris, ne faisant aucun ombrage aux littérateurs de cette capitale, éprouvent rarement ces critiques sévères & utiles que produisent souvent la rivalité & l'envie. Leurs ouvrages quels qu'ils soient, sont lus en Allemagne, & reçus avec indulgence. Flattés de cette espèce de succès que leur imagination augmente ordinairement, ils croient avoir atteint la pureté du langage, & s'endorment tranquillement dans cette douce idée. La plus grande partie du public, celle qui veut apprendre le françois, lit ces livres de préférence, soit parce qu'ils leur tombent sous la main, soit parce qu'ils en connoissent les auteurs; & n'étant pas en état de les apprécier, ils y puisent les mauvaises expressions & le mauvais goût dont ils sont ordinairement remplis.

Il seroit un moyen de réveiller l'attention de ces écrivains, & d'indiquer en même tems au public les ouvrages qu'il pourroit lire sans danger: ce seroit de former à l'Académie de Berlin une classe particulière de langue françoise, destinée à faire en Allemagne ce que l'Académie françoise devroit faire en France. Cette classe composée des membres qui sont françois de nation & de quelques allemands versés dans les deux langues, pourroit s'occuper à faire, 1°. tous les ouvrages élémentaires deſtinés à diriger les allemands dans l'étude du françois.

2. Un bon dictionnaire françois-allemand & allemand-françois qui ne laiſſeroit rien à déſirer à ceux qui veulent étudier les deux langues. Cet ouvrage vraiment utile, rendroit un grand ſervice à la république des lettres.

3°. Un bon journal littéraire où elle critiqueroit avec ſévérité les ouvrages françois écrits dans les pays étrangers : ce journal indiqueroit au public les ſources où il doit puiſer.

4°. Cette claſſe pourroit auſſi revoir & corriger le ſtyle & les expreſſions des mémoires & autres ouvrages qui s'impriment au nom de l'Académie.

5°. Il ſeroit à propos de ſoumettre à cette claſſe tous les précepteurs, maîtres de langue, maîtres de penſion qui voudroient enſeigner publiquement la langue françoiſe ; & de ne leur permettre de le faire qu'après avoir été examinés & jugés capables.

6°. Enfin il ne manqueroit rien à l'utilité de cet établiſſement ſi l'on y joignoit une Imprimerie, où les membres de cette claſſe feroient réimprimer sous leurs yeux, avec la plus grande correction, les ouvrages françois auxquels le suffrage de l'Europe a mis le sceau de l'immortalité. Par là le prix des bons livres françois seroit considérablement diminué ; & la réputation que s'attireroit cette nouvelle Imprimerie, seroit bientôt aussi avantageuse à l'Etat qu'aux lettres.

Quant aux ouvrages de dévotion ; pourquoi n'entreprendroit-on pas une nouvelle traduction de la Bible ? pourquoi ne feroit-on pas de nouveaux catéchismes, plus clairs, plus purs, plus décens que ceux que nous mettons entre les mains des enfans ? N'avons-nous pas des pseaumes traduits d'une manière sublime ? pourquoi les églises françoises ne préfèrent-elles pas ces traductions aux rimes gothiques auxquelles elles sont accoutumées ? Que les membres des consistoires comparent les odes sacrées de Rousseau avec leurs pseaumes, & ils conviendront que les premiers sont bien plus propres que les seconds à inspirer la piété, l'amour de Dieu, l'édification & la ferveur. Il ne sera pas inutile de nous arrêter à une de ces comparaisons.

PSEAUME XV.

ODE DE ROUSSEAU.

Seigneur dans ta gloire adorable
Quel mortel est digne d'entrer ?
Qui pourra, grand Dieu, pénétrer
Ce sanctuaire impénétrable,
Où tes saints inclinés d'un œil respectueux,
Contemplent de ton front l'éclat majestueux.

Ce sera celui qui du vice
Evite le sentier impur :
Qui marche d'un pas ferme & sûr
Dans le chemin de la justice ;
Attentif & fidèle à distinguer sa voix :
Intrépide & sévère à maintenir ses loix.

Ce sera celui dont la bouche
Rend hommage à la vérité,
Qui sous un air d'humanité
Ne cache point un cœur farouche ;
Et qui par des discours faux & calomnieux,
Jamais à la vertu n'a fait baisser les yeux.

RIMES DES RÉFORMÉS.

Eternel, quel homme pourra,
Habiter dans ton tabernacle ?
Qui sur ton saint mont te verra,
Et qui de ta bouche entendra
Toujours quelque nouvel oracle.

Ce sera l'homme seulement
Qui *marche droit en toute affaire*,
Qui ne *veut* rien que *justement*,
Dont jamais la bouche ne ment,
Soit pour surprendre, soit pour plaire.

L'homme dont la langue ne fait
Aucune injure, aucun dommage,
Le cœur aucun mauvais souhait ;
Mais qui de parole & d'effet,
Défend son prochain qu'on outrage.

ODE DE ROUSSEAU.	RIMES DES RÉFORMÉS.
Celui devant qui le superbe Enflé d'une vaine splendeur, Paroît plus bas dans sa grandeur Que l'insecte caché sous l'herbe Qui bravant du méchant le faste couronné, Honore la vertu du juste infortuné.	L'homme qui fuit les vicieux, Qui recherche, qui favorise Ceux qui craignent le Dieu des cieux, Qui garde en tout tems en tous lieux, Même *à son dam* la foi promise.
Celui, dis-je, dont les promesses Sont un gage toujours certain : Celui, qui d'un infame gain Ne fait point grossir ses richesses : Celui qui sur les dons du coupable puissant N'a jamais décidé du sort de l'innocent.	Enfin l'homme qui ne prendra Nulle usure, nul gain blâmable, Qui jamais le droit ne vendra
Qui marchera dans cette voie Comblé d'un éternel bonheur, Au jour des élus du Seigneur Partagera la sainte joie ; Et les frémissemens de l'enfer irrité Ne pourront faire obstacle à sa félicité.	Celui qui *ce chemin tiendra*, Jouira du bonheur durable.

La Bible traduite, & les pseaumes chantés en bon françois, il ne resteroit plus qu'à corriger les sermons des ministres : rien ne seroit plus aisé. Nous avons plusieurs bons sermons imprimés, dont le mérite est universellement reconnu ; il faudroit en faire un bon choix, & les réunir en un seul ouvrage. Pour augmenter ce recueil, on proposeroit tous les ans un prix pour le meilleur sermon sur un point de morale donné. Par ce moyen, les ministres ne seroient pas obligés de se fatiguer inutilement pour faire sortir de leur tête ce qui n'y est point. En allant à l'église, nous serions toujours sûrs d'entendre un bon sermon, & nous ne craindrions jamais d'être indignés & scandalisés par des portraits satyriques & des allusions impudentes ; & l'Etat pourroit diriger l'instruction de ses sujets sur les objets les plus utiles à sa prospérité & à son bonheur.

Un grand bien qui résulteroit encore de cet arrangement, c'est qu'on pourroit supprimer une partie des ministres. Un homme qui sauroit une fois le recueil, n'auroit plus qu'un ou deux sermons à apprendre par an ; & un seul ministre suffiroit pour une église. Dans les cas de maladie ou d'abfence, les candidats précheroient à leur place; & le public n'y perdroit rien. Les penfions fupprimées fourniroient des fonds pour les prix.

Quant à la prononciation, il faudroit établir au féminaire françois ou ailleurs un profeffeur de déclamation & de pronociation, & ne donner les places vacantes qu'au concours & au jugement de la claffe de langue françoife, combiné avec l'agrément des paroiffiens.

C'eft ainfi que les églifes deviendroient une école de morale, de décence, de bon goût; le fervice divin prendroit la nobleffe qui lui convient; les prêtres ne feroient plus que-ce qu'ils doivent être, les organes de l'Evangile, felon les vues de l'Etat; & on ne verroit plus des enfans fortis à peine de leur mauvaife école faire, à l'exemple de leurs maîtres, des allufions ridicules & fouvent injurieufes aux particuliers & aux corps. (*a*)

(*a*) Je ne faurois m'empêcher de parler ici d'un fermon que j'ai entendu à Berlin, il y a deux ans. Le prédicateur differtoit fur les caufes de la corruption des grandes capitales. Il prétendoit que cette corruption

CHAPITRE III.

Observations sur le génie particulier de la langue françoise.

JE n'examinerai point ici la question agitée tant de fois de la construction naturelle. Toutes les constructions sont naturelles lorsqu'elles peignent clairement la pensée, & qu'elles lui donnent le caractère qui lui convient. Nos jugemens sont *uns* & indivisibles par eux-mêmes; c'est l'habitude que nous avons à nous les représenter sous

venoit, sur-tout, de ce que dans ces villes il abondoit une quantité d'étrangers; & que ces étrangers, *chassés la plupart de leurs pays pour leurs crimes, étoient le rebut des nations, & se trouvoient forcés de se procurer des ressources par toutes sortes de moyens*. Cette tirade prononcée à Berlin, est assurément indécente & contraire au but de notre sage gouvernement, qui attire de tous côtés des étrangers industrieux. Elle insulte le corps des étrangers; ce qui est pécher contre les droits de l'hospitalité & les devoirs de la charité chrétienne: elle est sur-tout indécente dans la bouche des réfugiés françois qui se sont trouvés eux-mêmes étrangers en Allemagne.

la forme des mots qui nous y fait voir des parties. De quelque manière que nous arrangions ces parties, elles font bien arrangées, si le tout est exprimé comme il convient.

A cet égard, les langues n'ont aucun avantage les unes sur les autres ; & le latin dit aussi naturellement: *Pater amat filium,* ou *filium amat pater,* ou *amat pater filium,* que le françois *le père aime le fils.* L'idée de *père* ne doit pas plus précéder celle de *fils* que celle de *fils* celle de *père.* Quand j'ai porté mon jugement, j'ai vu tout en même tems. S'il y avoit une manière de rendre cette pensée en un seul mot, cette manière seroit sûrement la meilleure ; mais dès qu'il faut trois mots, & que ces trois mots sont également essentiels, il n'est pas plus naturel de commencer par l'un que par l'autre.

Pour trouver la raison de la différence des constructions dans les différentes langues, il faudroit remonter aux peuples qui ont commencé à les former. C'est dans le caractère, dans la situation, dans l'étendue des besoins de ces premiers inventeurs que les langues doivent avoir puifé les différentes marches qui les caractérifent.

Chez un peuple fauvage, vivant des fruits que produifent en abondance les vaftes forêts qu'ils habitent, n'ayant point de propriétés à difputer, point d'ennemis à vaincre, point de grands intérêts à foutenir ou à défendre, chez un tel peuple une langue fe formera lentement, & fa marche fera toujours fimple & uniforme. On inventera d'abord des noms pour défigner les objets des premiers befoins, *arbre*, *gland*, *eau*, feront les premières idées qui fe produiront fous la forme des fons. On ne penfera pas d'abord à leur donner diverfes inflexions pour marquer des rapports divers, parce qu'on n'en fentira point le befoin. Lorfqu'enfuite on aura trouvé des mots pour exprimer les actions relatives à ces mêmes befoins, il faudra marquer des rapports : on n'aura d'autre reffource alors que la place refpective des noms avant ou après les verbes; & la marche de la langue fera déterminée.

Il en fera de même chez un peuple ou l'habitude d'un dur efclavage aura éteint le reffort des passions & le feu de l'imagination. Les premières expressions de la langue seront simples, les constructions uniformes, les rapports marqués froidement par la place des mots; les passions ne parlent point lorsque la force a toujours un bras levé pour les faire taire.

Mais qu'une langue se forme chez un peuple belliqueux, entouré de voisins puissans, jaloux de sa liberté, avide de conquêtes, elle prendra naturellement la forme que lui donneront les mouvemens variés de leurs passions diverses. Les idées se presseront en foule dans leur imagination ardente, toutes voudront obtenir la première place: elles l'obtiendront tour à tour suivant le degré de chaleur, de passion, d'intérêt ou de besoin de ceux qui parleront, & l'on verra naître les différentes inflexions des noms, & l'on remarquera toutes les constructions des langues que les grammairiens nomment transpositives.

La plus belle, la plus riche des langues, c'est celle du peuple qui fut toujours le plus jaloux de conserver sa liberté, chez qui la superstition n'étouffa point ce sentiment précieux, & qui fut conserver sous l'autorité des prêtres mêmes, cette façon de penser hardie qui le caractérise : c'est la langue des Grecs.

Celle des Romains porte aussi dans ses mouvemens & dans ses inversions l'empreinte de la noblesse & de l'héroïsme de ses premiers inventeurs. C'est parmi les esclaves qu'elle commença à perdre insensiblement la richesse & la variété de ses tours. La langue romane qui naquit dans les Gaules parmi les sujets des Romains, s'écarte déjà sensiblement des constructions variées de la langue latine; elle devient plus simple. Bientôt de nouveaux vainqueurs rendent l'esclavage plus dur, en offrant sans cesse la vue du joug : la langue se simplifie davantage encore, & l'on voit naître les constructions froides qui reglèrent la marche du françois.

La seule de toutes les langues dont la marche ressemble à celle de la langue françoise, c'est l'hébreu; & elle paroît s'être formée dans des circonstances aussi peu favorables. Il est probable qu'elle naquit dans les montagnes arides, au milieu des ruines affreuses d'une contrée dévastée

par

par quelque révolution naturelle que la Bible nous a transmise sous le nom de déluge; chez quelques familles éparses, isolées, dont l'ame étoit roidie par l'effroyable désastre auquel elles venoient d'échapper. Sans propriétés, sans rivaux, sans passions violentes; flétris par la crainte, la langue de leurs pères se simplifia comme leurs idées, leurs mœurs & leurs relations; & ils se formèrent un nouveau langage dont la marche fut aussi froide que leurs ames.

On a répété mille fois que cette marche régulière de nos constructions avoit donné à notre langue de la netteté, de la clarté, de la précision. Cela est vrai si l'on considère notre langue relativement à ce qu'elle fait, & non par rapport à ce qu'elle devroit faire. Si l'on considère la clarté relativement au but général des langues, la langue françoise n'est pas, à beaucoup près, la plus claire de toutes. Le but des langues est non seulement d'énoncer une idée, mais encore de l'énoncer avec tous les accessoires qui l'accompagnent & la modifient dans l'esprit. Si mon imagination ardente me représente les objets sous des couleurs vives & variées, si elle passe légèrement d'idées en idées, & que mon ame éprouve, à cette occasion, mille sentimens divers, la langue la plus riche, la plus claire, la plus précise, sera celle qui représentera le mieux toutes ces idées, qui saura le mieux les peindre, les groupper, les varier selon leurs rapports & leurs caractères. La langue dont la construction monotone ne pourra faire sentir toutes ces choses, sera la moins précise, puisqu'elle ne rendra pas exactement tout ce qu'elle doit rendre; la moins claire, puisqu'elle ne fera pas comprendre les pensées telles qu'elles sont. Si les langues qui offrent le choix de toutes les constructions possibles deviennent quelquefois obscures, ce n'est jamais la faute de la langue même, mais toujours celle de l'écrivain. S'il a eu cette clarté en vue & qu'il ne l'ait pas atteinte, ce ne sauroit être faute de moyens.

Loin donc que la marche régulière de la langue françoise la mette à même de rendre les idées avec plus de précision & de clarté, elle est tout-à-fait contraire à ces qualités ; & l'écrivain qui ne connoît point de ressources pour éviter la

sécheresse & la stérilité qui l'accompagnent, res‑
tera toujours au‑dessous de son modèle.

Que les plus beaux tableaux se forment dans votre imagination, qu'elle vous présente les figu‑ res qui doivent frapper d'abord, & occuper l'at‑ tention; c'est en vain: la règle despotique étein‑ dra le flambeau du génie, & les mots prendront tristement une place que l'entousiasme désavoue.

La langue françoise a donc moins de ressources que toute autre pour peindre les pensées. Si nous sommes parvenus à imiter les beautés des langues grecques & latines, si nous avons produit des ouvrages qui peuvent être mis à côté des chef‑ d'œuvres de l'antiquité, c'est moins à notre langue que nous le devons qu'au génie des grands hom‑ mes qui ont su la manier.

Il est une qualité particulière à la langue fran‑ çoise, & qui contribue sur-tout à la rendre la plus claire & la plus précise de toutes les langues: ce n'est pas l'ordre respectif des parties principales, mais l'art avec lequel elle rapproche ces parties, & les caractérise d'abord par tout ce qui peut dé‑ terminer leur rapport & leur étendue dans la phrase. C'est sur-tout dans ce rapprochement des parties principales au commencement de la phrase, & dans l'union de ces parties avec ce qui les modifie, que consiste le génie particulier de la langue françoise; c'est de la réunion & de la combinaison raisonnée de ces deux principes que dépend toute la clarté, toute la netteté dont elle est susceptible : c'est ce qui la distingue de toutes les autres langues.

Nous ne suivons pas toujours dans nos constructions l'ordre que les grammairiens appellent direct; & si nous le rompons, c'est souvent pour nous conformer au génie de la langue : ce n'est donc pas cet ordre qui constitue ce génie. Avec un peu de réflexion, il est aisé d'appercevoir que c'est le rapprochement dont j'ai parlé qui exige ces inversions. Si je ne commence pas une phrase par le sujet, le verbe & l'attribut, si je préfère une circonstance, une idée accessoire, c'est que cette circonstance, cette idée accessoire sera devenue partie principale par sa liaison avec ce qui précède ; c'est que les derniers termes de cette circonstance, de cette idée accessoire se lieront naturellement avec ceux qui doivent les fuivre, & contribueront ainfi à les mieux caractérifer.

Par-tout les parties principales paroiffent dès le commencement, & paroiffent rapprochées autant qu'il eft poffible. Point de mots vagues & indéterminés comme dans les autres langues : l'efprit apperçoit d'abord un but ; il trouve d'abord où fe fixer ; il eft d'abord au fait des principales idées. La mémoire n'a pas befoin de faire des efforts pour fe rappeller un rapport vague indiqué au commencement, dont la détermination ne fe trouve qu'au bout d'une longue période. Les principaux grouppes font deffinés, & les acceffoires viennent prendre d'eux-mêmes la place qui leur convient. Si nos périodes laiffent quelquefois l'efprit en fufpens, la partie qui fait attendre l'autre offrira toujours quelque chofe de déterminé : elle n'offrira pas une fuite de termes vagues.

Appuyons ce que nous venons d'avancer fur des exemples & des comparaifons. L'ordre direct exige que je dife : *j'ai envoyé un livre nouveau & plein de réflexions utiles à votre frère.* Cependant cette phrafe n'eft pas dans le génie de la langue.

E iij

Pourquoi ? C'eſt que les idées principales ne ſont pas rapprochées ſur le devant autant qu'elles pourroient l'être. Or quelles ſont ces parties principales ? Les voici :

Parties principales { 1. J'ai envoyé
2. un livre
3. à votre frère,

La dernière eſt rejettée à la fin par les mots *nouveau & plein de réflexions utiles*. Mais d'un autre côté, le génie de la langue exige que ces mots ſoient rapprochés de la partie principale qu'ils modifient ; c'eſt-à-dire de *un livre*. Il faut donc chercher une conſtruction qui ſatisfaſſe à ces deux conditions ; & la voici :

Parties principales { 1. J'ai envoyé
2. à votre frère
3. un livre

Modifications { nouveau &
plein de réflexions utiles.

Par ce moyen toutes les parties principales ſe trouvent réunies & grouppées ſur le devant ; les modifications liées à la partie qu'elles modifient, occupent une place convenable, & n'attirent qu'une attention proportionnée à leur usage & à leur importance.

Présenter les parties principales sur le devant, rapprocher autant qu'il est possible de chacune de ces parties toutes les idées qui les modifient : voilà les deux grands principes de la langue françoise ; voilà les véritables sources de sa clarté, de sa netteté, de sa précision. C'est de ces deux principes que dérivent toutes les règles du langage & du style françois. Tout ce que nous allons dire n'en sera que l'application & le développement.

Je dis de plus que ces deux principes sont particuliers à la langue françoise, & qu'ils la distinguent de toutes les autres. Je le prouve.

Dans l'oraison de Cicéron pour le poète Archias, je lis :

Statim Luculli, cum pretextatus etiam tum Archias esset, eum domum suam receperunt.

Quelles sont les parties principales de ma phrase ? *Luculli receperunt Archiam :* voilà les mots qui doivent se présenter le plutôt qu'il sera possible, & être aussi près les uns des autres que le permettront leurs modifications. Quelque tournure que je choisisse, quelques moyens que j'emploie pour mettre *Archias* avant *Lucullus*, ou *Lucullus* avant *Archias*, il faudra toujours que j'arrange mes mots de manière que ces trois idées frappent d'abord l'esprit du lecteur.

Voici trois manières de traduire cette phrase: (*a*)

1°. Aussitôt les Lucullus reçurent dans leur maison Archias qui avoit à peine dix-huit ans.

2°. Cet Archias qui avoit à peine dix-huit ans, les Lucullus le reçurent aussitôt dans leur maison.

3°. Aussitôt il fut reçu dans la maison des Lucullus, cet Archias qui avoit à peine dix-huit ans.

Dans la première phrase, le besoin de rapprocher les trois idées principales a déterminé la place du mot *aussitôt*; par-tout ailleurs il auroit

---

(*a*) Si je traduis ici cette phrase de trois manières différentes, c'est que je la considère isolée & ne faisant partie d'aucun discours. Je pense avec les bons grammairiens qu'une phrase considérée dans un discours, ne peut être tournée que d'une seule manière, & que cette manière est indiquée par la liaison des idées & le caractère de la pensée.

nui à ce rapprochement; & comme il eſt lié au jugement entier, ſans l'être particulièrement à quelqu'une des idées principales, la place qui lui conviendra le mieux ſera celle où il paroîtra l'annoncer ſans nuire à la liaiſon. *Dans leur maiſon* éloigne un peu *Archias* des deux autres parties; mais cet éloignement eſt indiſpenſable, parce que ces mots étant deſtinés à modifier *reçurent*, ne pouvoient avoir une autre place dans la phraſe. Ainſi les trois idées principales ſont auſſi rapprochées qu'il eſt poſſible.

Dans la ſeconde phraſe, je ſuppoſe que la liaiſon des idées auroit exigé que le mot *Archias* parût devant les deux autres, & je fais une propoſition préparatoire qui ne nuit point au rapprochement des idées principales. L'expreſſion de mon jugement commence réellement par ces mots: *Les Lucullus le reçurent;* & ces trois mots qui expriment mes trois idées principales, ſont auſſi rapprochés qu'il eſt poſſible.

Dans la troiſième, il ſemble que le verbe ſe préſente d'abord. Le pronom *il* n'étant encore qu'indéterminé, l'eſprit s'y arrête peu, & paſſe à l'idée du verbe *reçu*. Cependant les trois parties y font toujours préfentées au commencement & réunies, & ne font interrompues que par ces mots, *dans la maifon*, qui devoient néceffairement fuivre le verbe qu'ils modifient.

Ces trois phrafes reçoivent donc leur clarté de la place & de l'union des parties principales. Dès qu'on connoît ces parties, l'efprit n'eft plus en fufpens ; il fait de quoi il s'agit; les principales figures lui font préfentées; il n'attend plus que des acceffoires.

Il n'en eft pas de même dans la phrafe latine, l'efprit eft en fufpens jufqu'au dernier mot; tout eft vague & indéterminé jufqu'à ce qu'on ait prononcé la dernière fyllabe du dernier mot *receperunt*.

Le françois a les mêmes avantages fur l'allemand, l'italien, l'anglois, le ruffe, &c. Dans l'allemand le verbe ordinairement rejetté à la fin des phrafes & fouvent partagé en deux, fufpend le fens, & donne quelquefois lieu à des équivoques. Tâchons d'en trouver des exemples dans le commencement du premier chant de la mort d'Abel.

[75]

Ein erhabenes Lied möch-te ich jetzt singen.	Je voudrois chanter maintenant des airs sublimes.

Dans le françois, l'action est indiquée dès les premiers mots *je voudrois chanter;* en allemand, l'esprit reste en suspens jusqu'au dernier mot singen. Arrêtez-vous à jetzt, vous ne devinez pas de quoi il est question ; & si l'on mettoit quelqu'autre verbe au lieu de singen, tous les mots énoncés auparavant pourroient s'y rapporter comme ils se rapportent à celui-là, & former avec lui un sens complet.

Die Haushaltung der Erstgeschaffenen nach dem traurigen Fall, und dem Ersten der seinen Staub der Erde wieder gab, der durch die Wuth seines Bruders fiel.	Je voudrois raconter comment vécurent les premiers hommes après leur triste chûte, & célébrer celui qui rendit le premier sa poussière à la terre, victime de la fureur de son frère.

On sent sur-tout dans cette période le besoin de rapprocher les parties essentielles. Après avoir dit, *je voudrois chanter maintenant des airs sublimes,* on ne sauroit continuer comme en allemand, en disant : *les mœurs des premiers hommes après leur triste chûte.* Ce régime *les mœurs* est trop éloigné des autres parties principales auxquelles il doit être joint; il faut rappeller ces parties pour opérer ce rapprochement que le génie de la langue exige fans cesse. Il en est de même du verbe *célébrer* qui n'est pas dans l'allemand, & qu'on est obligé d'ajoûter par la même raison. L'allemand au contraire, n'a pas besoin de ce rapprochement; le ich möchte singen, qui est dans le premier membre, & qui semble même terminer un sens complet, n'en régit pas moins le reste de la phrase sans qu'il soit nécessaire de répéter ou d'ajoûter quelque chose pour renouveller le rapport & le rendre plus sensible. Cette différence est bien plus sensible encore dans les phrases où les verbes sont partagés de manière qu'une partie est énoncée au commencement, & l'autre rejettée à la fin. La partie du verbe qui commence la phrase a un sens que l'esprit lui peut donner; mais ce sens peut changer tout-à-coup à la fin par la seconde partie. En voici un exemple pris dans une phrase très-simple du même ouvrage.

Da giengen Abel und seine Geliebte aus ihrer Hütte hervor.

Gehen qui eſt au commencement de la phraſe, ſignifie *aller, marcher;* mais étant joint à la prépoſition hervor qui termine la phraſe, il veut dire *ſortir.* De ſorte qu'en liſant juſqu'au mot aus je traduirai : *Alors Abel & Thirza ſa bien-aimée marchoient,* ou *alloient.* Juſqu'à ce mot, l'eſprit ne ſauroit attacher aucune autre idée au verbe; mais en prononçant le reſte de la phraſe, on voit changer inſenſiblement le ſens indiqué, aus ihrer Hütte; enfin hervor achève la métamorphoſe, & nous montre qu'on n'a pas voulu exprimer Abel & Thirza *marchant* ſimplement, mais *ſortant de leur cabane.*

Nous trouverons auſſi, en partie, cette différence dans la langue angloiſe. On voit ordinairement les adjectifs précéder les ſubſtantifs, & les rejetter quelquefois à la fin de la phraſe.

Men left to the light of their Reaſon alone, have always looked upon Moral & Phyſical Evil, as a ſhocking Phenomenon in the Works of an infinetely, wiſe, good & powerful Being.

Les hommes abandonnés à la ſeule lumière de leur raiſon, ont toujours regardé le mal moral & phy-

fique comme un phénomène choquant dans l'ouvrage d'un Être infiniment fage, bon & puiffant.

On voit ici les adjectifs *Moral* & *Phyfical* précéder leur fubftantif *Evil*, mal; & le dernier fubftantif *Being*, être, eft rejetté à la fin par fes adjectis *wife, good* & *powerful*, fage, bon & puiffant.

La langue italienne dont la conftruction fe rapproche le plus de celle de la langue françoife, aime quelquefois à laiffer l'efprit en fufpens, & rejette à la fin, tantôt le verbe, tantôt le fubftantif; le ruffe rejette prefque toujours le verbe à la fin.

En un mot, qu'on compare ainfi la langue françoife avec toutes les langues, on verra qu'elle eft la feule qui fixe toujours l'efprit auffitôt qu'il eft poffible, fur les idées principales; qu'elle feule lie ces idées, & les rapproche le plus qu'il eft poffible. La plupart des autres langues, & furtout celles qu'on nomme tranfpofitives pourroient être comparées à des tiffus précieux dont les fils s'entrelaçant les uns dans les autres, forment de riches broderies. Le difcours françois reffemble plutôt à un tableau d'une belle ordonnance &

d'une composition agréable, où les figures principales s'emparent d'abord de l'attention du spectateur, & où les accessoires dégradés avec intelligence, se lient naturellement aux parties qu'ils accompagnent.

Ce qui prouve encore que la clarté de la langue françoise ne vient pas de l'ordre dans lequel se suivent le sujet, le verbe & l'attribut, mais seulement du rapprochement des idées principales; c'est qu'une phrase où cette marche est scrupuleusement observée, sera très-obscure si les idées principales y sont trop éloignées les unes des autres par des accessoires trop verbeux. Prenons un exemple dans un mauvais ouvrage.

La voix de l'humanité ou du zèle pour la religion, la voix d'une politique artificieuse, empressée à saisir l'occasion d'affoiblir, en fomentant des troubles civils, une puissance devenue dangereuse, pour le repos de l'Europe, se seroit envain fait entendre à à l'ame des souverains envieux de la grandeur de Louis. (*a*)

(*a*) Mémoires pour servir à l'histoire des Réfugiés dans les États du Roi de Prusse. Tom. I. pag. 72.

Dans cette phrafe, tout fuit la marche de la conftruction fimple: *La voix de l'humanité fe feroit en vain fait entendre aux fouverains.* Cependant elle eft obfcure. D'où vient cette obfcurité? 1°. De ce que les parties principales ne font pas affez déterminées: on ne fait lequel choifir des trois fujets qui font indiqués au commencement; le dernier fur-tout, eft d'une longueur fi prodigieufement difproportionnée, qu'il femble anéantir & faire oublier les deux autres fur lefquels l'efprit croyoit d'abord s'arrêter. 2°. C'eft que cette multiplicité de fujets & les mots qui modifient *la voix de la politique artificieufe*, rejettent trop loin les autres parties principales, & n'ont pas un rapport fenfible & direct avec elles.

Cette qualité de la langue françoife eft conforme à la nature. Le jugement eft *un* & indivifible en lui-même: plus une langue fe rapprochera de cette unité, plus elle réunira les parties qu'elle emploie pour en donner l'idée; plus auffi l'énonciation fera conforme à la chofe enoncée; & cette conformité eft le but du langage.

Mais fi les principes que nous venons d'obferver

dans

dans la langue françoife lui donnent de la clarté, de l'ordre & de la précifion; il faut avouer d'un autre côté, qu'ils ne contribuent point à lui donner cette richeffe de tours, cette variété, cette harmonie qu'on remarque dans les langues tranfpofitives. La langue françoife reffemble à ces inftrumens qui ne fouffrent point de médiocrité. Sous la plume d'un homme dépourvu de génie, elle fera néceffairement froide & monotone. Si l'écrivain ne trouve pas dans fon efprit même des reffources pour en varier la marche, les tons & les couleurs; s'il ne pofsède pas le talent précieux de lier, d'ordonner, de faire contrafter agréablement fes penfées, il ne lui refte aucune reffource. Dans les langues tranfpofitives, le charme de l'harmonie, la pompe des expreffions, la variété des tours peuvent mafquer pendant quelque tems des idées obfcures ou mal digérées; dans le françois, c'eft prefque toujours l'idée qui fait valoir l'expreffion.

La langue françoife eft donc moins riche en tours que les autres langues. Je ne parle point ici de cette richeffe qui confifte dans un grand nombre

F

de mots destinés à signifier une même chose. Tous ces mots s'ils n'expriment pas quelques nuances distinctives, sont plutôt embarrassants qu'utiles. Suis-je moins riche que mon voisin parce que je puis faire avec un seul instrument tout ce qu'il peut faire avec trente? Nous avions autrefois cette abondance superflue d'expressions purement synonymes; la langue s'en est débarrassée en se perfectionnant.

Henri Etienne compte douze mots dont on se servoit de son tems pour exprimer *avare*. (*a*) Nous n'avons conservé que ceux qui indiquent quelque différence. Nous regrettons quelques expressions anciennes qui avoient beaucoup de naïveté: mais nous avons fait de grands progrès par rapport à l'énergie & à la précision.

Une chose qui constitue sur-tout la richesse d'une langue, c'est le nombre des synonymes, si l'on entend par *synonymes* des mots qui expriment différentes nuances d'une idée qui leur est com-

---

(*a*) Voici ces douze mots: *Avaricieux, échars, taquin, tenant, trop tenant, chiche, chiche-vilain, pinse-maille, racle-denare, serre-dénier, pleure-pain, serre-miette.*

mune à tous. A cet égard la langue françoife eft auffi riche qu'aucune autre langue de l'Europe, furtout dans les mots qui expriment les différens fentimens de l'ame.

Outre la difficulté des conftructions, il en eft une autre que l'écrivain doit encore vaincre; c'eft celle qui naît de la nobleffe & de la délicateffe de notre langue, foit dans les termes, foit dans les figures. Nous avons une quantité de termes qui ne peuvent entrer ni dans la poéfie, ni dans le ftyle foutenu. Il faut être françois & avoir vécu dans la bonne fociété de la capitale pour pouvoir vaincre cette difficulté; elle fait ordinairement le défefpoir des étrangers qui veulent écrire en françois.

Cette délicateffe de la langue françoife fait naître un grand nombre de difficultés dans la traduction des poètes, & fur-tout des poètes anciens. Jamais Homère ne pourra être traduit en françois d'une manière tout-à-fait noble & décente: une infinité d'expreffions énergiques dont fe fervoient les Grecs, deviennent fouvent chez nous burlefques & ridicules: voilà ce qui nous rend quelquefois injuftes envers les anciens & les étrangers. Nous les jugeons d'après notre langue; nous voudrions les entendre parler comme s'ils avoient notre goût, nos règles: & nous leur attribuons des défauts qui n'exiftent que dans notre manière de voir.

Quoiqu'il en foit des difficultés de notre langue, les chef-d'œuvres qui l'ont fixée, prouvent qu'elle fait fe prêter avec facilité à tous les caractères; qu'elle fait réuffir dans tous les genres. Quelle naïveté dans l'inimitable La Fontaine! quelle harmonie dans Fléchier! quel fublime dans Corneille & dans Boffuet! quelle nobleffe, quelle précifion, quelle élégance dans Boileau, Racine, Voltaire! C'eft dans les ouvrages de ces grands hommes qu'il faut fur-tout étudier la langue. Quiconque ne fera pas faifi à la vue des beautés qu'on y rencontre fans ceffe, quiconque ne fentira pas fon ame s'échauffer au flambeau de ces grands génies, ne doit jamais fonger à écrire: la nature l'a deftiné à autre chofe.

CHAPITRE IV.
Plan de cet Ouvrage.

Si je voulois faire comprendre à un jeune homme le méchanisme d'une montre, je lui ferois démonter toutes les parties les unes après les autres; je lui apprendrois le nom, l'usage, le rapport de chacune d'elles; ensuite je les lui ferois replacer dans leur premier état, en lui faisant observer attentivement la forme & le rapport de chaque roue, la manière dont elles s'engrainent, se communiquent le mouvement, & parviennent, enfin par la réunion de plusieurs effets successifs, à produire un effet général.

Il en est de même de la langue françoise: c'est par le moyen d'une analyse exacte qu'on peut parvenir à découvrir le méchanisme du discours. Nous décomposerons les périodes & les propositions; nous rechercherons les élémens du discours; nous examinerons comment ils se lient, se modifient, se prêtent mutuellement de la lumière & de la force, & parviennent enfin à peindre la pensée avec les couleurs, les grâces, le caractère & le ton qui lui conviennent.

L'objet du difcours eft d'exprimer la penfée. Il eft donc à propos de favoir ce que c'eft que la penfée. C'eft de la netteté de chaque idée, de l'ordre dans lequel elles fe lient & fe fuccèdent dans notre efprit, que dépend fur-tout la clarté du ftyle. Si vos penfées font obfcures, mal digérées; fi vous ne vous accoutumez pas à les ranger dans un certain ordre, dans un ordre propre à produire l'effet que vous défirez, votre ftyle fe reffentira du défordre de vos penfées; il n'aura ni force, ni grâce, ni clarté, ni proportion, ni nobleffe; il ne fera point naître dans l'efprit du lecteur le charme délicieux que produifent toutes ces qualités.

Nous commencerons donc par donner une idée des principales opérations de l'efprit; nous montrerons la manière de développer une penfée, de former une fuite de raifonnemens, d'en bien faifir la fuite & les rapports, & de les ordonner fuivant leur importance; nous appliquerons nos principes à des exemples; nous montrerons comment les idées fe fuivent & fe lient dans un difcours bien fait;

nous rechercherons les caufes du défordre & de la confufion qui règnent dans un mauvais ouvrage.

Cette première partie nous conduira naturellement à la connoiſſance des propofitions & des périodes. Nous expliquerons la nature des propofitions, & nous indiquerons toutes les divifions qui ont rapport à notre but; puis nous enfeignerons à les diftinguer dans le difcours.

Des propofitions, nous defcendrons aux parties dont elles font compofées; c'eft-à-dire aux élémens du difcours. Nous tâcherons de préfenter le plus clairement qu'il nous fera poffible leur véritable nature. Quelques exercices enfeigneront enfuite à connoître leur place & leur ufage dans le difcours.

Après avoir fait connoitre toutes les parties logiques & grammaticales du difcours, il s'agira d'enfeigner à les ranger d'une manière convenable, & nous defcendrons dans les détails de la conftruction & de la fyntaxe, montrant toujours l'application de nos principes par des exercices analytiques.

Nous donnerons enfuite un traité du ftyle, où

l'on trouvera des règles & des modèles dans tous les genres, & toujours les règles appliquées aux exemples, & des analyfes qui feront fentir l'ufage que les grands écrivains en ont fait. On trouvera ici un traité des figures & toutes les règles de l'éloquence.

Enfin nous ferons une fuite de traductions du latin, & de l'allemand en françois, que nous accompagnerons de remarques propres, non feulement à nous rappeller les règles établies auparavant, mais qui donneront un grand nombre d'obfervations particulières que les circonftances feront naître. On s'attachera fur-tout dans les remarques à faire fentir la différence des deux langues, l'étendue & la force de chaque expreffion, la variété des tours, le choix qu'on en doit faire; on y diftinguera foigneufement les différens fens dans lefquels un mot peut être pris; on y fera remarquer les nuances qui diftinguent les expreffions qui paroiffent fynonymes; en un mot, on tâchera d'y réunir tous les détails qui peuvent être utiles aux étrangers, tout ce qui peut les foulager ou les éclairer dans l'étude de notre langue. Cette partie sera précédée d'un petit traité qui indiquera les règles générales de la traduction dans les différens genres.

Nous finirons le Cours de langue françoise par des traités de la prononciation, de la prosodie & de l'orthographe.

Notre Cours de belles-lettres étant destiné sur-tout à faire connoître notre littérature aux étrangers, offrira l'histoire abrégée de chaque genre de littérature, les règles qu'on doit y observer, & des pièces qui indiqueront successivement les progrès de l'art depuis son enfance jusqu'aux chef-d'œuvres des grands maîtres: chaque pièce sera accompagnée de remarques propres à faire mieux sentir ces progrès. Afin de rendre cette partie plus utile aux allemands, nous nous arrêterons sur des comparaisons entre la littérature françoise & la littérature allemande.

Nous rassemblerons ici tout ce que nous connoissons de meilleur sur l'art poétique. Les genres en prose que Mr. le Batteux semble avoir traités un peu légèrement, feront développés dans notre ouvrage. Nous tâcherons sur-tout de donner une idée claire du vrai mérite du style épistolaire. Nous ferons ensorte de faire sentir en quoi consistent ce naturel, cette naïveté, ces grâces charmantes qui font tant de plaisir dans les lettres de Madame de Sevigné. Nous y joindrons ensuite un choix des meilleures lettres que nous connoissions, en les accompagnant à notre ordinaire, de remarques analytiques.

La partie où nous traiterons de l'histoire, s'offrira chez nous d'une manière nouvelle. L'histoire ne doit pas être un simple récit de faits destiné seulement à plaire; il doit instruire. La postérité doit profiter de nos fautes comme nous devons profiter de celles de nos pères. Après avoir donné une idée de l'histoire, nous montrerons les obstacles que les préjugés nationaux & religieux ont formés à sa perfection. Ce champ vaste est encore inculte si on le considère d'un œil philosophique. Il est tems de tirer le rideau qui cache à l'homme sa véritable dignité; il est tems d'abattre les statues que l'homme imbécille érigea aux bourreaux qui déchirèrent ses entrailles, & d'élever sur des fondemens immortels, celles de ſes bienfaiteurs. C'eſt à la philoſophie à prendre le burin de l'hiſtoire; elle ſeule a droit d'immortaliſer les actions des hommes pour le bonheur des hommes, parce qu'elle ſeule s'occupe vraiment de ce bonheur.

Tel eſt le point de vue ſous lequel nous conſidérerons l'hiſtoire; c'eſt de ces principes que nous tirerons les préceptes qui doivent diriger l'hiſtorien, ſoit dans le choix, ſoit dans le ſtyle.

Quant à la partie où je rendrai compte des ouvrages nouveaux, je m'attacherai ſur-tout à relever les expreſſions contraires à la pureté de la langue. Je dirai à cette occaſion que les critiques de cette nature doivent être bien plus ſévères dans les pays étrangers qu'en France; parce que la langue a plus de difficultés à s'y ſoutenir dans ſa pureté.

En France, un auteur tel qu'on en voit pluſieurs en Allemagne, ne ſauroit parvenir à faire imprimer un ouvrage; ou s'il y parvient à ſes frais, le mépris ou le ridicule le font bientôt répentir de ſa préſomption. En Allemagne, il n'en eſt pas de même. A Berlin, par exemple, la plus grande partie du public qui lit du françois, eſt formée par la Colonie: la plupart des écrivains sont prêtres, parens ou alliés des colons. Ces écrivains ont soin de se faire un parti parmi les vieilles femmes & les bonnes gens; & la petite gloriole qu'on fait bourdonner à leurs oreilles, leur donne une présomption insupportable & un orgueil incorrigible. (*a*)

J'ai vu avec satisfaction que parmi les personnes que j'ai pris la liberté de critiquer jusqu'à présent, il s'en est trouvé quelques-unes qui m'ont fait l'honneur de profiter de mes remarques, & d'avouer que je les avois rendues plus difficiles sur leurs propres ouvrages. La manière dont ils ont

---

(*a*) Dans tout ce que j'ai dit jusqu'ici des prêtres de la Colonie françoise, je n'ai pas prétendu confondre quelques pasteurs respectables qui ont le bon esprit de se borner modestement aux fonctions de leur ministère, sans vouloir entrer dans une carrière que leurs études & leur situation rendroient très-difficile. Il en est même quelques-uns qui paroissent exempts de la contagion, & qui pourroient écrire purement. Monsieur le pasteur Saunier vient de faire imprimer un sermon sur l'*Utilité de la Prédication*, où l'on trouve des idées suivies, une bonne tournure, en un mot du style; & c'est ce qu'on chercheroit en vain dans les coryphées des dévotes de la Colonie.

pris la chose, prouve qu'ils méritent des égards. Comme mon but est de corriger sans offenser, je ferai mon possible pour relever avec modération des fautes qu'ils paroissent si disposés à avouer & à corriger de bonne foi.

Mais il en est d'autres, & ce ne font sûrement pas les plus habiles, qui bouffis d'orgueil & d'ignorance, ont affecté de continuer à répandre dans leurs *écritures* les barbarismes grossiers que je leur avois fait toucher au doigt. J'ai vu avec peine que ces écrivains indociles & récalcitrans étoient des gens obligés par état, de donner l'exemple de la bonne foi, de la docilité & de l'amour de la vérité; des gens qui enseignent la jeunesse, & qui doivent par conséquent tâcher d'apprendre eux-mêmes ce qu'ils veulent enseigner aux autres; en un mot des ecclésiastiques & des professeurs. C'est sur l'opiniâtreté de ces Messieurs qu'il est utile d'exercer le fouet de la critique la plus sévère; c'est contr'eux sur-tout qu'il est utile d'employer l'aiguillon de la plaisanterie. Quiconque est assez sottement orgueilleux pour sentir ses fautes & refuser de les corriger, mérite d'être couvert de ridicule. Tout le monde fait des fautes; les plus grands écrivains n'en ont pas été exempts; on pourroit même dire, en quelque façon, malheur à celui que le feu de l'imagination n'a pas jetté quelquefois dans des écarts! Mais les uns aiment à fe corriger; les autres fe fâchent quand on les reprend: voilà la différence qu'il y a entre les gens d'efprit & les fots, entre les gens de lettres & les intrus. Et moi auffi j'ai écrit; & j'ai, fans doute, fait des fautes. Que ceux que je critique, épluchent mes ouvrages; qu'ils m'y indiquent des fautes; qu'ils me tournent en ridicule, je fuis tout prêt à en rire avec eux, pourvu que nos plaifanteries puiffent tourner au profit du public, & que leurs critiques foient affez fines & affez honnêtes pour qu'un honnête homme puiffe y répondre. On fe déshonore en répondant à des groffiéretés: il eft toujours humiliant d'avoir quelque chofe à démêler avec des gens qui n'ont ni raifon, ni éducation, ni pudeur. Voilà pourquoi j'ai gardé le filence fur les petites vilainies littéraires qu'on a fabriquées contre moi. Elle font mortes ces petites vilainies; & le public me fait l'honneur de lire mes ouvrages. Les injures de l'envie ne font jamais de mal; il n'y a que les vérités qui foient cruelles; & mes ennemis ne m'en reprocheront jamais dont j'aye à rougir.

Mon but eft fur-tout de faciliter aux étrangers la connoiffance de notre langue & de notre littérature, & de préferver les françois qui font éloignés de leur patrie, de la contagion du mauvais langage. Quatre chofes font fur-tout néceffaires pour cela: des règles, des modèles, des exercices & des critiques; c'eft ce qu'on trouvera dans cet ouvrage. Les françois trouveront peut-être quelquefois que j'entre dans des détails trop minutieux, que je tombe dans des répétitions fréquentes; mais je les prie de confidérer que ce qui leur paroît minutieux, parce que l'ufage le leur a appris, ne l'eft point du tout pour un étranger dont la langue diffère entièrement de la nôtre.

On ne s'attend pas, fans doute, à trouver toujours ici des principes nouveaux; mais je tâcherai du moins de les expofer d'une manière nouvelle; & les applications que j'en ferai dans les exercices qui fuivront chaque traité, offriront une fuite de leçons élémentaires qu'on ne trouve encore, à ce que je crois, dans aucun ouvrage. Duclos, d'Olivet, Girard, Batteux, Condillac, du Marſais, Beauzée, ſont mes principaux guides : j'ai tâché de raſſembler & de concilier tout ce que ces habiles grammairiens ont dit de meilleur, & d'en former un ſyſtême. Le principe ſi fécond de la liaiſon des idées que M. de Condillac a mis dans tout ſon jour, ſera développé dans cet ouvrage.

En un mot, je ferai enſorte qu'un jeune homme qui aura étudié attentivement nos principes, & ſuivi nos exercices, ſoit en état d'écrire purement notre langue, & de juger ſainement des ouvrages de notre littérature.

PREMIÈRE PARTIE.

DE

L'ART DE PENSER.

COURS THÉORIQUE ET PRATIQUE
DE LANGUE ET DE LITTÉRATURE FRANÇOISE.

PREMIÈRE PARTIE.
DE L'ART DE PENSER.

CHAPITRE I.
Comment les idées se forment dans notre esprit.

IL est certain que nous éprouvons à la présence des objets, certaines impressions qui nous avertissent de notre existence & de celle de ces objets. Il est certain que nous réfléchissons sur ces impressions, que nous les examinons, les analisons, les comparons. Il est certain que nos besoins développant de plus en plus le principe qui produit toutes ces opérations, nous acquérons un grand nombre de connoissances & nous éprouvons divers sentimens.

Quelque soit la nature de ce principe doué de connoissance & de sentiment, on peut assurer qu'il existe en nous; & nous l'avons appellé *ame*.

Mais comment l'ame reçoit-elle ses premières idées ? Les a-t-elles au moment où le corps est animé ? Les a-t-elles indépendament du corps? C'est ce que nous allons examiner.

Figurons-nous un corps tel que celui d'un homme jeune & bien constitué qui n'auroit point encore reçu ce mouvement qu'on appelle *vie*. Supposons que la nature lui communique tout-à-coup ce mouvement; quelles seront ses premières idées? Le mouvement du sang, l'action des viscères les uns sur les autres, l'inspiration & l'expiration, lui feront éprouver quelque chose de confus qui lui donnera tout-à-coup le sentiment intime de son existence; il aura cette idée que nous exprimons par les mots, *je suis*. Supposons maintenant que ses sens s'exercent les uns après les autres. En ouvrant les yeux, il appercevra à la fois une foule d'objets qui ne lui feront éprouver que des sentimens confus. Bientôt il fixera ses regards sur quelqu'objet particulier, & il le considérera seul, sans penser davantage à tous les autres. Si l'objet qu'il a considéré est rouge, il aura l'idée de ce que nous nommons *rouge*. S'il cesse de regarder cet objet pour considérer avec la même attention un autre objet qui sera blanc, il prendra une connoissance de la qualité à laquelle nous donnons le nom de *blanc*. Il en sera de même du noir, du verd, du bleu, &c.

S'il pose la main sur ce rouge, ce blanc, ce bleu, &c. il sentira plus ou moins de résistance, il éprouvera plusieurs autres sentimens divers, & prendra les idées que nous exprimons par les mots, *dur, mou, raboteux, uni, chaud, froid, &c.* Il prendra de la même manière les idées de pesanteur, de mouvement, de repos, d'espace, &c.

C'est ainsi que le goût lui fera connoître aussi les qualités que nous désignons par les mots, *aigre, doux, amer, &c;* l'odorat celles que nous nommons des odeurs ; & l'ouïe ce que nous appellons des sons.

Jusqu'ici il ne connoît que des qualités ; & la plupart de ces qualités ne sont que des rapports qui existent entre lui & les objets qui l'affectent.

Les saveurs ne sont point dans les objets que nous mangeons ; les couleurs dans ce que nous voyons : sans palais pour goûter, sans yeux pour voir, sans oreilles pour entendre, il n'existeroit ni saveurs, ni couleurs, ni sons. Toutes ces choses ne sont que des rapports entre nos organes & les objets.

Nos yeux, par exemple, sont une espèce de lunette dont la forme & le plus ou moins d'humeurs doivent faire varier à l'infini les apparences que nous appellons couleurs. Ainsi il est certain que les hommes, les quadrupèdes, les oiseaux, les insectes, les poissons sont affectés par des couleurs aussi différentes entr'elles que les organes qui les reçoivent ; ainsi il est très-probable qu'il n'y a pas deux hommes sur la terre qui voyent le même objet de la même manière & au même degré. Il faudroit pour cela que leurs yeux eussent exactement la même conformation; ce qui n'arrive point dans la nature. Il n'y a pas sur la terre deux feuilles d'arbres qui se ressemblent exactement.

Les couleurs, les saveurs, les odeurs, les sons, & la plupart des qualités qui sont l'objet du toucher, ne sont donc que des illusions qui changent & varient dans chaque individu. Les hommes croyent avoir des idées semblables, parce qu'ils expriment certaines idées par les mêmes mots. Par exemple, tous les hommes sont convenus de donner le nom de rouge à une certaine couleur : mais chacun d'eux exprime par ce mot une sensation différente. Et cependant ces illusions font le fondement de toutes nos connoissances. Faut-il s'étonner que les erreurs soient si communes & les vérités si rares?

Nos sens ne peuvent nous présenter que des qualités. Mais en réfléchissant sur ces qualités, nous sentons qu'elles ne peuvent pas exister seules; il faut qu'elles soient appliquées sur quelque chose: le *rien* ne sauroit avoir ni propriétés, ni qualités. Il nous est impossible de connoître ce quelque chose, parce que nous ne pouvons avoir d'idées que par nos sens, & que nos sens ne nous présentent que des qualités. Sûrs qu'il existe quelque chose auquel des qualités sont unies, nous avons parlé de ce quelque chose comme si nous le connoissions; nous lui avons donné des noms; nous l'avons appellé *substance*.

La substance n'est donc, à proprement parler, que ce quelque chose que nous croyons devoir exister pour soutenir plusieurs qualités réunies; ou pour mieux dire, nous appellons substance une réunion de qualités.

En examinant attentivement la réunion des qualités d'un objet corporel, nous avons remarqué qu'il y en avoit quelques-unes qui restoient tellement unies à l'objet qu'il ne pouvoit subsister sans elles; & d'autres qui pouvoient s'en séparer & faire place à de nouvelles.

Nous avons donc divisé les qualités en *qualités essentielles* & *qualités accidentelles*.

Les qualités essentielles sont celles qui sont tellement propres à une chose, qu'elles ne sauroient en être séparées sans que la chose disparoisse: elles forment ce qu'on appelle l'*essence*. La rondeur est une qualité essentielle du cercle.

Les qualités accidentelles sont celles qui peuvent exister ou ne pas exister dans un objet sans qu'il perde sa propriété. Par exemple, qu'un cercle soit blanc, bleu, verd, grand, petit, &c. il n'en est pas moins un cercle : ses qualités essentielles restent cependant toujours les mêmes.

En regardant la réunion de plusieurs qualités, je puis m'occuper assez particulièrement de l'une d'elles pour oublier toutes les autres. Cette espèce d'opération de l'esprit s'appelle *abstraction*; c'est-à-dire séparation; & l'idée qui en résulte se nomme une idée abstraite. Ainsi quand je m'occupe particulièrement de la longueur d'une planche, sans penser ni à sa couleur, ni à sa largeur, ni à aucune autre de ses qualités, je fais une abstraction.

Il y a encore une autre sorte d'abstraction: c'est de supposer qu'une qualité est totalement séparée de l'objet, & qu'elle forme une chose réellement existente. Ainsi quand je considère la qualité que l'on exprime par le mot *blanc*, comme séparée de tout objet, & existant seule, je la nomme *blancheur*; & ce mot blancheur exprime une chose qui n'existe point réellement hors de mon esprit, & qui n'est que le résultat de mon abstraction.

En faisant des abstractions, nous découvrons des qualités communes à plusieurs choses : alors nous rangeons toutes ces choses en une classe; nous donnons un nom à cette classe, & nous formons ce qu'on appelle des *idées générales*.

Chaque chose est une, & on l'appelle par cette raison singulière, individuelle. *Pierre* est un individu, Paul est un individu ; il n'y a que des individus dans la nature. Mais comme plusieurs de ces individus ont des qualités qui leur sont communes, nous les avons rangés dans différentes classes, auxquelles nous avons donné des noms.

Ainsi ayant remarqué que Pierre, Paul, Jean & tous les individus semblables à nous que nous avons vus, avoient des qualités communes, nous avons appellé *homme* tous les individus qui ont ces qualités.

Ayant obfervé enfuite que dans cette claffe générale que nous avons appellée *homme*, il y a plufieurs individus qui ont d'autres qualités communes qui les diftinguent de plufieurs autres, nous les avons rangés en claffes moins nombreufes, & nous avons eu les idées générales de *favans, ignorans, militaires, eccléfiaftiques, nobles, roturiers, &c.*

Les claffes qui font fubdivifées en d'autres claffes moins confidérables, fe nomment *genres*; celles qui en font des fubdivifions, font appellées *efpèces*. Il s'enfuit de là qu'une même claffe peut être en même tems genre & efpèce.

EXEMPLE.

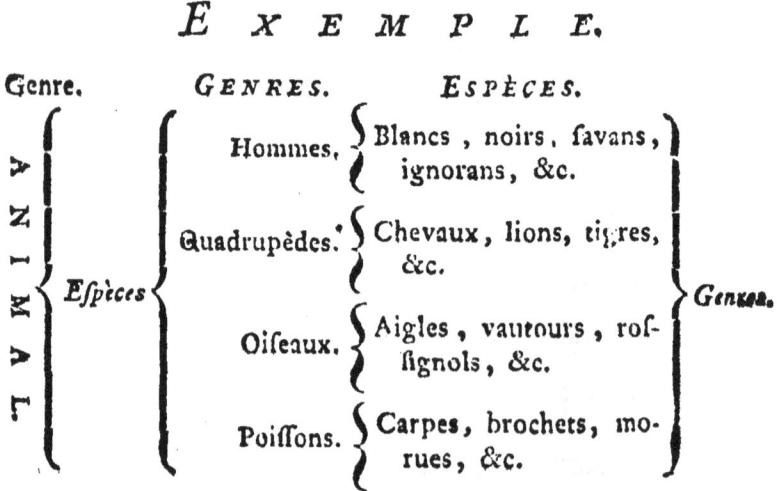

Il eft clair que ces claffes ne font que des êtres imaginaires. C'eft notre efprit qui leur a donné un être; hors de lui elles n'en ont point. Il n'existe en effet ni genre, ni espèces; c'est même la foiblesse & l'imperfection de notre esprit qui fait que nous trouvons de la ressemblance entre certains individus. Si nous étions plus éclairés, si nous avions assez de sens pour appercevoir d'autres qualités, ou que les nôtres fussent assez parfaits pour nous faire connoître toutes les différences, nous verrions qu'il n'y a pas un individu qui ressemble exactement à un autre; & les classes disparoîtroient.

Nous avons aussi distingué dans les corps des qualités dont nous avions l'idée sans les comparer avec d'autres; nous les avons nommées *qualités absolues*. L'étendue, par exemple, est une qualité absolue, parce qu'on peut la connoître dans un corps sans la comparer avec quelqu'autre.

Ayant trouvé d'autres qualités qui dépendoient de la comparaison de plusieurs objets entr'eux, nous les avons nommées *qualités relatives*. La grandeur est une qualité relative; car aucune chose n'est grande ni petite en elle-même; nous ne la nommons telle que parce que nous la comparons avec quelqu'autre qui est plus ou moins grande.

Les substances que les philosofophes nomment spirituelles, auxquelles ils donnent une nature tout-à-fait différente des corps & des qualités directement opposées à celles de la matière; ces substances elles-mêmes ne nous sont connues que par le moyen des sens, & à l'occasion des objets matériels qui agissent sur eux.

Je laisse aux théologiens à examiner si l'ame est ou n'est pas spirituelle: cette question est entièrement de leur ressort. Mais quelques soient leurs raisonnemens là-dessus, ils ne pourront jamais se figurer une ame que comme un corps extrêmement délié qui échappe à nos sens. C'étoit ainsi que les voyoient les anciens; c'est ainsi que les voient les théologiens de nos jours; & s'ils vouloient le nier, leur langage les trahiroit. Les anciens faisoient errer les ombres des morts dans le Tartare & dans les Champs Elisées; ils les faisoient errer sur les bords du Styx & de l'Achéron, & implorer la pitié du terrible Nautonier pour passer le fleuve redoutable.

Chez nous, les ames se séparent des corps: les unes montent au ciel; les autres descendent dans les enfers. A la fin du monde on les appellera au son de la trompette des quatre coins de la terre. Toutes ces actions ne peuvent convenir qu'à des corps.

Revenons au corps humain prêt à recevoir la vie; ou, si vous voulez, qui vient de la recevoir. Si ses yeux ne sont pas ouverts, si aucun son n'a frappé son oreille, si aucun objet n'a touché son corps, où prendra-t-il l'idée de son ame? C'est sa première sensation qui l'avertit qu'il pense, ou plutôt qui lui donne la première pensée. Il a connu l'existence de la substance corporelle, parce qu'il a vu des qualités qui ne pouvoient subsister toutes seules; il connoît l'existence de l'ame, parce qu'il sent des effets, des opérations qui doivent être produits sur quelque chose & par quelque chose. Mais quelle est la nature de l'une & de l'autre? C'est ce qui sera éternellement caché à tous les hommes.

Pour assurer que l'ame est matérielle, il faudroit pouvoir expliquer comment toutes nos senfations peuvent fe réunir en un feul point de la matière.

Pour affurer qu'elle ne l'eft pas, il faudroit connoître toutes les qualités & les propriétés poffibles de la matière, & être affuré que la penfée ne fauroit être le réfultat d'aucune d'elles en particulier, ni de plufieurs, ni de toutes enfemble.

Nous avons cinq fens, fources uniques de nos idées. Mais s'il exifte dans la nature des qualités qui pourroient être les objets de 1000 millions de fens différens des nôtres, que favons-nous en comparaifon de ce qu'on peut favoir? Comment ofons-nous juger hardiment des chofes dont nous avons des connciffances fi bornées? Comment ofons-nous affirmer qu'un chofe n'eft pas parce que nous ne pouvons la concevoir?

Suppofons pour un moment que tous les hommes d'une nation entière n'euffent que quatre fens, que tous fans exception fuffent privés de la vue. Suppofons que cette nation vienne à apprendre tout d'un coup qu'il exifte fur la terre une autre nation qui a au milieu du vifage deux organes, par le moyen desquels les objets corporels font éprouver à leurs ames des sensations que l'on nomme couleurs ; ils ne pourroient point douter de l'existence de ce cinquième sens, puisqu'une nation entière assureroit l'éprouver à chaque instant. Mais quelle idée pourroient-ils se former de la nature des couleurs ? Comment leur faire comprendre la différence du bleu, du rouge, du verd, &c ? Et si leurs théologiens raisonnoient là-dessus, leurs raisonnemens ne paroîtroient-ils pas bien ridicules à la nation *clair-voyante ?*

Dès que nous avons une fois imaginé une substance différente du corps qui pouvoit y être unie & en être séparée sans cesser d'exister, il ne nous en a rien coûté pour peupler l'univers de Sylphes, de Génies, de Mânes, de Dieux, de Déesses, de Diables, d'Anges ; nous avons mis des esprits par-tout ; notre imagination égarée leur a forgé des habitations dans le centre de la terre, sur la voûte des cieux, au milieu des airs, hors de l'univers. Après avoir séparé notre ame de notre corps, après avoir osé assurer qu'une ame peut exister sans matière, nous avons aussi séparé

Dieu

DE PENSER. 17

Dieu du monde; nous nous le sommes figuré hors du monde, existant avant le monde, ayant la puissance de le produire, & ne le produisant point, existant après le monde, sans rien produire, & sans qu'il existe de matière : de sorte que la matière, cette matière dont nous sommes formés; cette matière, l'objet, la cause, la source de nos besoins, de nos plaisirs, de nos idées, de nos sensations, de nos richesses, de notre gloire, de notre beauté; cette matière la seule chose que nous connoissions, a été avilie, méprisée; & l'imagination extravagante de l'homme a formé mille fantômes qui le glacent maintenant de terreur & d'effroi. (*a*)

(*a*) Je ne doute point qu'il ne se trouve quelque bonne ame dévote, quelque théologien habile qui ne crie ici à l'athéïsme. On est athée dans tous les pays du monde quand on ne pense pas comme les théologiens gagés. Je dis donc ici, comme je l'ai dit ailleurs, que nous ne pouvons douter de l'existence de Dieu; c'est-à-dire d'un principe souverainement bon & souverainement sage qui gouverne le monde: mais j'ajoûte que la nature a mis devant son sanctuaire un voile impénétrable qui le cache à notre foible intelligence; j'ajoûte que la matière n'est pas si vile que l'ont faite les théo-

B

Concluons. C'est des sens que nous viennent toutes nos idées, même celles du sentiment intime de notre existence; même celles dont l'objet paroît ne point tomber sous les sens; mêmes celles des ames, des Anges, de Dieu.

logiens; que nous serions bien surpris, si des milliers de sens nouveaux nous offroient des milliers de propriétés inconnues; que nous ririons peut-être alors de nos opinions, comme nous rions d'un aveugle qui veut juger des couleurs. Je dis enfin que la science du plus profond métaphisicien & du théologien le plus habile est bien peu de chose, & que s'il y a quelque différence à cet égard, entre un savant & un ignorant, l'avantage est sûrement du côté de ce dernier. Nous avons éprouvé des sensations, & nous avons dit: il faut qu'il y ait quelque chose hors de nous qui produise ces sensations; il faut qu'il y ait quelque chose en nous qui reçoive ces sensations; c'est la substance & l'ame. Nous avons vu des effets dans l'univers; nous avons dit: il faut qu'il y ait une cause universelle & première qui soit la source de tous ces effets: voilà l'idée de Dieu, & voilà tout.

CHAPITRE II.

Des principales opérations de l'ame.

LORSQUE l'air eſt agité de manière à produire ce que nous appellons un *ſon*, cette agitation fait également impreſſion ſur les oreilles d'un homme vivant & ſur celles d'un corps mort qui ſe trouveroit à côté de lui. Toute la différence qu'il y a entre l'un & l'autre; c'eſt que le premier eſt averti de cette impreſſion par un effet particulier qu'il éprouve, & que l'oreille du mort eſt frappée ſans que le mort éprouve ou ſente un effet à l'occaſion de cette impreſſion. C'eſt dans cet effet ſecret que conſiſte l'opération de l'ame que nous appellons *perception* : c'eſt la conſcience de la ſenſation.

La *perception* eſt donc l'impreſſion occaſionnée dans l'ame par l'action des ſens. C'eſt le premier & le moindre degré de connoiſſances.

Si pluſieurs objets frappent en même tems mes yeux, ils produiſent en moi une foule de perceptions d'autant moins vives, qu'elles ſont plus nombreuses. S'il y en a quelques-unes qui augmentent peu à peu, les autres diminueront à proportion, & disparoîtront même entièrement lorsque les premières seront parvenues à un certain degré.

Je m'explique : je sors d'une maison de campagne par une belle matinée de printems, au moment où le soleil semble sortir du sein d'un lac, où les troupeaux vont aux champs, où les oiseaux font retentir l'air de leurs ramages, où la rosée répand un vif éclat sur les fleurs de la prairie; tous ces objets me font éprouver en même tems plusieurs perceptions diverses, qui, au premier instant, m'affecteront peut-être également. Tout-à-coup je vois à quelqu'éloignement un animal sortir d'un bois; mes yeux se dirigent vers lui; la perception des autres objets diminue; je l'observe de plus en plus : c'est un loup; il s'avance vers un troupeau, se jette sur un agneau, l'emporte. Mes yeux ont suivi l'animal dans tous ses mouvemens, dans toute son action; la perception des autres objets a diminué avec rapidité; bientôt il n'y eut plus pour moi ni soleil, ni lac, ni ramages, ni prairies ; il n'y eut qu'un loup & un agneau. Cette perception qui a fait disparoître toutes les autres, n'est qu'une sensation que j'ai rendue plus forte en dirigeant mes organes vers un objet, afin de le remarquer plus particulièrement que les autres ; & l'opération de mon ame qui s'est procurée cette sensation plus forte se nomme *attention*.

L'attention peut se porter ou sur un objet, ou sur les parties d'un objet.

Lorsque je donne en même tems mon attention à deux objets & que les qualités de ces objets me paroissent semblables ou différentes, mon ame fait ce qu'on nomme une *comparaison*.

Pour comparer, il ne suffit pas d'appercevoir en même tems les deux objets ; il faut outre cela un acte de l'esprit qui veuille saisir en eux des ressemblances ou des différences. Ce sont ces ressemblances ou ces différences des objets qui forment ce qu'on appelle des *relations*, des *rapports*.

Quand je considère deux feuilles de papier pour voir si elles sont ou ne sont pas de la même grandeur, je les compare ; quand j'apperçois ou crois appercevoir entr'elles un rapport d'égalité ou d'inégalité, je forme un *jugement*.

Un jugement est donc une opération de l'esprit, par laquelle il apperçoit que deux objets ont ou n'ont pas entr'eux tel ou tel rapport.

Tout jugement suppose donc nécessairement deux idées que l'on a comparées, & entre lesquelles on a apperçu un rapport. Quand j'apperçois entre deux idées un rapport d'égalité ou de ressemblance, mon jugement se nomme *jugement affirmatif*; quand j'apperçois entre deux idées un rapport d'inégalité ou de dissemblance, je forme un jugement qu'on nomme *jugement négatif*.

Ainsi quand j'apperçois l'égalité de grandeur de deux feuilles de papier, je fais un *jugement affirmatif*; quand j'apperçois l'inégalité de deux feuilles de papier, je fais ce qu'on appelle un *jugement négatif*.

On peut fixer son attention sur deux jugemens comme sur deux idées; on peut les comparer ensemble; on peut voir s'ils ont entr'eux des rapports de ressemblance ou de dissemblance. Appercevoir un rapport de ressemblance ou de dissemblance entre deux jugemens, c'est *raisonner*.

Le *raisonnement* est donc une opération de l'esprit, par laquelle il apperçoit que deux ou plusieurs jugemens ont ou n'ont point de ressemblance entr'eux.

De même que le jugement suppose au moins deux idées; le raisonnement suppose au moins deux jugemens.

Quand je compare dans mon esprit ces deux jugemens,

Tout homme a des sens,

Pierre a des sens,

& que j'apperçois entr'eux un rapport de ressemblance; c'est-à-dire que le second est contenu dans le premier, je forme un *raisonnement*.

Pour comparer, pour juger, pour raisonner, il a fallu nécessairement considérer les idées, tantôt ensemble, tantôt les unes après les autres; il a fallu y revenir à plusieurs fois; il a fallu considérer quelques qualités, quelques parties, revenir sur celles qu'on avoit déjà considérées & y donner son attention à plusieurs reprises. Or cette opération par laquelle nous appliquons tour-à-tour notre attention à diverses perceptions ou à divers jugemens, s'appelle *réflexion*.

Quand la réflexion est profonde & qu'elle dure pendant longtems, on la nomme *méditation*.

Si nous nous rappellons les objets qui nous ont fait éprouver des sensations, cette opération se nomme *mémoire*; si à ce souvenir se joint celui de la sensation même que nous avons éprouvée, cette opération appartient à la faculté de l'ame que l'on nomme *imagination*.

L'*imagination* ne se borne pas toujours à nous rappeller vivement les sensations que nous avons éprouvées; plus active, plus féconde que la mémoire, elle rassemble mille objets, mille parties éparses que cette dernière lui offre, & en forme une foule d'objets nouveaux qu'elle varie à son gré.

C'est par le moyen de toutes les opérations dont je viens de parler que l'ame acquiert des connoissances; c'est par elle qu'elle entend pour ainsi dire les idées, comme l'oreille entend les sons; c'est pourquoi on a réuni toutes ces opérations de l'ame sous une dénomination commune : c'est l'*entendement*.

Toutes ces opérations prennent le nom de faculté; c'est-à-dire, pouvoir, capacité. La mémoire est la faculté de se rappeller; l'imagination la faculté de se représenter les sensations, comme nos pieds ont la faculté de marcher, les mains la faculté de manier, &c.

Mais il est d'autres facultés de l'ame qui donnent du ressort, du feu, de la vie à toutes les autres; ce sont les *passions*.

Parmi les différentes sensations que nous avons éprouvés, il y en a eu de douces & d'agréables, de douloureuses & désagréables. De là ont été produits dans notre ame deux espèces de sentimens; les *plaisirs* & les *peines*.

Reprenons l'homme fait que nous avons supposé, dans le chapitre précédent, venant de recevoir le mouvement & la vie. Le premier sentiment de plaisir qu'il éprouvera sera, sans doute, l'*admiration*. Les beautés de l'univers le frapperont; l'exercice de ses facultés fera couler dans son cœur une douce joie; tout lui paroîtra nouveau & agréable; il admirera tout.

Quelque changement fubit & inattendu fera naître en lui l'*étonnement*; & ces deux fentimens produiront bientôt la *curiofité*; c'eft-à-dire le défir de mieux connoître ce qu'il ne connoît encore qu'imparfaitement. En fatisfaifant à fes befoins il éprouvera de nouveaux plaifirs; mais l'abfence des objets qui les lui ont procurés, le mettra bientôt dans cet état de mal-aife & d'inquiétude qu'il éprouvoit avant que d'y avoir fatisfait, & les befoins renaîtront.

Alors toutes les facultés de fon corps & de fon ame fe porteront vers ces objets qu'il fent néceffaires à fon bonheur, & il éprouvera ce qu'on appelle *défir*.

S'il refte longtems fans pouvoir fe procurer l'objet défiré, le défir continue, il s'irrite, il devient ce qu'on appelle *paffion*.

Alors naîtront tour-à-tour dans fon ame la *crainte* & l'*efpérance*, la *trifteffe* & la *joie*. Alors il éprouvera l'*inquiétude*, l'*irréfolution*, le *courage*, l'*abbattement*, l'*impatience*, l'*ennui*, le *dé-*

goût, l'*aversion*, le *repentir*, la *satisfaction*, les *regrets*, &c.

Il est d'autres passions qui naissent des plaisirs de l'esprit & de l'imagination : telles sont celles qui nous viennent des sciences & des arts.

L'homme en société contracte de nouveaux besoins, éprouve de nouveaux plaisirs, de nouvelles peines, de nouvelles passions.

Il aura pour ses semblables de la *haine* ou de l'*amour*, selon le bien ou le mal qu'il en éprouvera ou qu'il en attendra, selon les défauts ou les perfections qu'il reconnoîtra en eux. L'*amour-propre* fera naître dans son cœur l'*orgueil*, le *mépris*, l'*ambition*, la *jalousie*. La présence ou le souvenir du mal lui inspirera la *colère*, l'*indignation*, la *vengeance*.

On a nommé *entendement* toutes les opérations qui ont rapport aux perceptions & aux connoissances. On nomme *volonté* toutes celles qui dépendent des besoins & des passions.

Reprenons le fil de nos idées; & rappellons en peu de mots le système des opérations de l'ame.

L'ame est un principe doué de connoissance & de sentiment qui est en nous. L'ame est une; mais nous divisons ses opérations. Quand elle opère pour connoître, nous l'appellons *entendement*; quand elle opère pour se procurer des plaisirs ou éloigner des peines, nous lui donnons le nom de *volonté*.

A l'*entendement* appartiennent la perception, l'attention, la comparaison, le jugement, le raisonnement, la réflexion, la méditation, la mémoire, l'imagination.

Sous le nom de *volonté* sont rangées toutes les opérations qui ont rapport à nos besoins, à nos désirs, à nos passions.

C'est dans toutes ces opérations que toutes nos pensées prennent leur source. L'art de penser consiste à savoir les diriger de la manière la plus convenable aux deux buts généraux de la parole; c'est-à-dire instruire & à plaire. C'est sous ce point de vue que nous allons les considérer.

CHAPITRE III.

De la manière de diriger les opérations de l'entendement.

J'AI dit que les sens ne nous offroient que des illusions; c'est-à-dire qu'ils nous faisoient appercevoir dans les objets des choses qui n'y existent point. Mais si l'on considère les sensations par rapport aux perceptions qu'elles excitent dans notre esprit, il est certain qu'elles nous fournissent des idées claires & distinctes. Je regarde de loin une tour, je la vois ronde, elle ne l'est pas; mes sens me font voir dans cette tour une qualité qui n'existe pas en elle; mais la perception de rondeur que cette sensation produit dans mon esprit est une perception claire & distincte; une perception dont je puis déterminer & distinguer les différentes qualités, & que je ne confondrai point avec une autre. Ainsi mes sensations ne m'induiront point en erreur tant que je ne jugerai pas que ce qu'elles me font éprouver existe réellement dans les objets qui les excitent.

Pour être sûr de ne point avoir d'idées confuses & obscures, il faut considérer nos sensations telles qu'elles sont dans notre esprit, & les séparer des objets.

Nos perceptions sont les fondemens de toutes nos connoissances. Elles méritent donc une attention particulière. Plus j'aurai de perceptions à la fois, moins l'impression qu'elles feront sur moi sera forte & durable. Je les appercevrai à peine, elles se dissiperont aisément, & je n'aurai plus le pouvoir de me les rappeller.

Si je veux qu'elles laissent dans mon esprit des traits ineffaçables, il faut que l'attention me fixe sur chacune d'elles en particulier; que la réflexion m'y ramène souvent; en un mot que ces deux opérations les déterminent & les rendent amilières.

On a dit souvent que pour augmenter l'attention, il falloit éviter le bruit & les sensations violentes. Toutes ces précautions peuvent être utiles quand l'ame est déjà disposée à recevoir les idées qu'on veut lui inculquer. Mais si elle ne s'est pas fait une habitude de la réflexion, si elle n'a pas éloigné tous les prestiges que les fantômes de la société & de l'éducation produisent sans cesse, si elle n'a pas écarté les monceaux de cendres qui couvrent l'étincelle de la vérité, si cette vérité ne l'enflamme pas de ses attraits divins, c'est en vain qu'elle voudra considérer attentivement quelqu'objet, mille distractions viendront l'arracher d'une étude qui ne l'intéresse pas. Le premier pas à faire dans la direction de nos opérations, est donc de nous rendre la vérité aimable & intéressante; c'est de nous faire sentir cet ordre admirable, cette harmonie délicieuse qui la lie essentiellement à notre bonheur. Sans l'attrait ou l'espérance du plaisir, l'esprit découragé languit dans la carrière de toutes les sciences.

Plus j'examinerai avec attention un objet placé hors de moi, plus je découvrirai de qualités qui m'avoient échappées à la première vue; plus les idées que j'en prendrai seront claires & distinctes; plus j'aurai de matériaux pour former des jugemens sur cet objet.

Il en est de même si je réfléchis, c'est-à-dire si je considère avec attention les idées de mon esprit, j'y découvrirai une infinité de rapports qui m'auroient échappé sans cela.

La réflexion est une source féconde d'idées; elle crée pour ainsi dire nos perceptions, & les anéantit à son gré; elle les tire de la memoire, les arrange, les combine, les augmente, les affoiblit, les rejette.

Le moyen le plus sûr pour diriger la réflexion, c'est de mettre dans nos méditations de la clarté, de la précision & de l'ordre.

Pour mettre de la clarté dans nos méditations, il faut que les objets sur lesquels nous opérons soient clairs & déterminés. Or quels sont les objets sur lesquels notre réflexion opère? Ce ne sont pas les idées mêmes; mais les signes que nous avons donnés aux idées; c'est-à-dire les mots.

Nous dépendons tellement des sens, que toutes les opérations de notre ame, même celles qui paroissent les plus spirituelles, s'exercent réellement sur des signes sensibles.

Quoi de plus abstrait que les nombres? Mais je ne puis réfléchir sur les nombres sans me les représenter par des signes. Je ne pourrois comparer
enfemble

ensemble les nombres vingt, cent, mille, s'il n'existoit pas des signes sensibles; c'est-à-dire des mots ou des chiffres sur lesquels j'opère; & mes opérations seroient faites au hasard, si chaque mot, si chaque chiffre n'étoit pas clairement déterminé à signifier tel ou tel nombre, ni plus ni moins.

Il en est de même des objets absens que nous nous rappellons par le secours de la mémoire. Lorsque notre réflexion opère sur ces idées, lorsqu'elle les compose, qu'elle les décompose, qu'elle les compare, elle agit, non sur les idées mêmes, mais sur les mots qui les représentent: ces mots sont pour la réflexion ce que sont les chiffres dans l'arithmétique.

Il s'ensuit de-là que le premier moyen de procéder avec clarté dans nos méditations, c'est de déterminer avec exactitude la véritable valeur ou signification des termes. Il s'ensuit de-là que la grammaire qui apprend à faire cette détermination est, quoiqu'en disent quelques esprits superficiels, la science la plus utile & la plus indispensable, puisqu'elle forme la base de toutes nos connoissances, de tous nos jugemens; puisque sans elle nous opérons au hasard, & que nos jugemens & nos raisonnemens doivent ressembler alors aux règles d'un calculateur qui n'opéreroit que sur des chiffres dont la valeur ne seroit point déterminée.

Pour attacher aux mots des idées déterminées, il faut s'y accoutumer dès l'enfance. Les opérations de notre ame ressemblent à celles de notre corps : une suite répétée d'actions de la même espèce nous les rend familières, & les tourne tellement en habitude, qu'il nous est souvent impossible de prendre des habitudes contraires.

Dans l'enfance, environnés d'une foule d'objets relatifs à nos besoins, nous nous pressons de juger avant que de réfléchir. Des milliers de mots que nous ne comprenons pas, frappent nos oreilles; nous y attachons des idées vagues; & formant à chaque instant des jugemens & des raisonnemens avec ces mots, ou les recevant tout formés de ceux qui nous environnent ou qui nous enseignent, notre esprit est bientôt rempli de préjugés & d'erreurs. Dans un âge plus avancé, l'habitude conserve ces jugemens avec lesquels nous sommes familiarisés ; & quelques faux, quelqu'extravagans qu'ils puissent être, nous sommes très-étonnés quand quelqu'un veut nous en prouver la fausseté & l'extravagance. D'ailleurs il est humiliant d'avouer qu'on s'est trompé depuis l'enfance ; & l'entêtement reste fortement attaché à des erreurs que l'amour-propre défend.

C'est ainsi que toutes les fausses religions forment dans l'ame des préjugés plus forts que la raison, & produisent des opinions extravagantes que l'on défend aux dépens de sa vie. Celui qui a dit le premier : n'enseignez la religion aux enfans que lorsqu'ils seront en âge de raison, prévoyoit bien les suites heureuses de cette méthode. Il vouloit épurer la religion des préjugés qui la déshonorent.

Dans les mathématiques, nous sommes toujours sûrs de la vérité, parce que nous avons opéré sur des signes exactement déterminés ; dans toutes les autres sciences, nos conclusions se rapprocheront des vérités mathématiques, si nos idées ou les mots qui les expriment se rapprochent de la détermination des signes de cette science.

C ij

Le moyen d'accoutumer les enfans à déterminer l'usage des mots dont ils se servent, ce seroit de les exercer à appliquer eux-mêmes les noms usités, aux choses qui sont tous les jours entre leurs mains. Par exemple, après avoir fait sentir à un enfant par une description détaillée ce que c'est qu'une *chaise*, je lui ferois appliquer ce mot à la chose expliquée; puis, passant ensuite à des descriptions de choses d'un usage à peu près semblable, mais d'un nom différent, je lui ferois appliquer les mots de *fauteuil*, *sopha*, *canapé*, *banc*, *escabeau*, *&c*; & enfin je le conduirois insensiblement à l'idée générale de *siège*, à laquelle je lui ferois appliquer ce mot, & ainsi de suite.

L'enfant ainsi accoutumé à sentir la véritable détermination des noms des objets qui sont sans cesse sous ses yeux, apprendra facilement par la même méthode à se faire une idée des noms que l'on donne aux objets moraux.

S'il lui arrive ensuite de former des jugemens ou des raisonnemens où vous apperceviez qu'il n'a pas eu une idée claire de la détermination des termes qu'il emploie, feignez de ne pas le comprendre, il voudra s'expliquer; laiffez-lui faire des efforts pour y parvenir, & aidez-le fi la chofe eft au-deffus de fa portée.

Cette méthode donnera néceffairement de la clarté à fes idées; il ne confondra pas les mots les uns avec les autres; il s'accoutumera à fixer l'idée qu'il attache à chacun d'eux : de-là naitra la précifion.

Pour l'accoutumer à mettre de l'ordre dans fes connoiffances, je commence par celles qui l'intéreffent le plus; c'eft-à-dire par lui faire remarquer les objets relatifs à fes befoins, à fes plaifirs ; étudiant enfuite les rapports qui lient ces objets intéreffans avec ceux qui le paroiffent moins, je tâcherois de le faire paffer infenfiblement des uns aux autres, & d'étendre fur les feconds l'attrait qui l'a fixé fur les premiers.

Je formerois ainfi dans fon efprit une fuite de connoiffances qui feroient liées entr'elles, & qui fourniroient à fon jugement un magazin de matériaux qu'il pourroit retrouver au befoin, & dont il connoîtroit le prix & la valeur.

C iij

Dans notre éducation actuelle, loin de donner aux enfans des idées déterminées, on diroit au contraire que nous faifons tous nos efforts pour leur faire apprendre des termes vagues, & les faire raifonner fur ces termes comme fur des fignes certains & déterminés. Ecoutez un enfant qui apprend fon catéchifme, la première queftion qu'on lui fait, c'eft celle-ci: *Qu'eft-ce que Dieu?* Sa réponfe eft prête, il la fait par cœur : *C'eft le Créateur du ciel & de la terre.* Mais qu'eft-ce qu'un *Créateur ?* qu'eft-ce que le *ciel?* qu'eft-ce que la *terre ?* Quel eft le philofophe affez habile pour faire comprendre à un enfant l'idée déterminée qu'on attache à ces trois mots, fi c'eft par-là qu'il commence fon inftruction ? S'il eft affez habile pour y parvenir, comment l'enfant retiendra-t-il des idées dont il ne connoît ni l'ufage ni l'importance ? Comment s'accoutumera-t-il à former des jugemens, des raifonnemens fur des mots qui lui préfentent des idées fi éloignées de fes befoins, de fes plaifirs, de fon intérêt tel qu'il fe préfente à fa foible intelligence? Rébuté par ces mots qui lui paroiffent étrangers & vides de sens, il n'y réfléchira point; il adoptera aveuglément tous les raisonnemens que vous voudrez bâtir sur des idées semblables; son esprit s'y accoutumera sans que son cœur s'y attache : & dans la suite, gouverné despotiquement par cette habitude, il périra s'il le faut pour soutenir les principes que vous lui avez inculqués ; mais sa conduite déréglée vous prouvera peut-être qu'ils ont rempli sa tête sans passer jusqu'à son cœur.

Il ne falloit pas faire quitter à un enfant son cheval de bois ou sa poupée, pour lui apprendre ce que c'est que Dieu; il falloit commencer par lui apprendre ce que c'est que son cheval & sa poupée, & le conduire de-là insensiblement jusqu'à l'idée de l'Etre suprême ; c'étoit le seul moyen de diriger sa réfléxion d'une manière claire, & de la conduire insensiblement du connu à l'inconnu par le fil de l'analogie.

La liaison de ces idées avec ses besoins, les lui rendra intéressantes ; l'intérêt fixera l'attention, dirigera la réflexion : de-là naîtra l'habitude, & l'habitude servira de fondement à tout le système des connoissances qu'il acquerra dans la suite.

Une chose qu'il faut observer sur-tout dans la détermination des signes de nos idées; c'est de ne pas attribuer une existence réelle à celles qui ne sont que les opérations de notre esprit. Ce penchant que nous avons à réaliser nos abstractions, est la source d'une foule d'erreurs. On préviendra ce défaut dans les enfans, en les faisant passer de la connoissance des choses sensibles à celles des idées abstraites, & en leur faisant remarquer comment nous avons formé les dernières, qui ne sont proprement que des vues particulières de notre esprit.

Il faut se servir des termes que l'usage a établi; cela est incontestable. Mais nous sommes environnés d'erreurs; comment parviendrons-nous à les connoître, à les détruire si nous n'examinons pas avec soin, si l'usage n'attache pas à certains mots une signification qui n'est fondée que sur des suppositions ou des préjugés?

Il est donc très-utile dans la recherche de la vérité, d'examiner attentivement les termes que l'usage emploie, afin de ne pas nous laisser entraîner à leur accorder une signification qui nous feroit courir avec les autres dans la carrière d'erreur qu'ils ont tracée.

Les idées une fois déterminées, l'habitude une fois prise de les appercevoir telles qu'elles sont, nos jugemens seront conformes à la vérité s'ils ne sont pas portés au-delà de ce que nous appercevons. Il en sera de même des raisonnemens. Si l'on connoît exactement le sens de tous les termes d'une proposition & qu'on les considère avec attention, on n'y supposera pas des rapports qui n'y seront point.

Les idées ne se gravent dans la mémoire qu'autant qu'elles sont liées les unes aux autres. L'imagination elle-même ne peut agir que sur les matériaux qu'elle trouve dans la mémoire; la détermination de nos idées influe donc aussi sur ces deux facultés; l'ordre dans lequel nous nous les représentons, contribue à les fixer dans la mémoire; & ce même ordre en nous accoutumant à les lier, forme la faculté qu'on nomme imagination, & lui offre en même tems une foule de matériaux non jettés au hasard, mais disposés de manière à se présenter sous le jour le plus favorable,

Concluons de là qu'il eſt de la dernière importance de ne préſenter aux enfans que des jugemens dont ils comprennent les termes, ou du moins de les accoutumer à ne former aucun jugement, aucun raiſonnement, ſans s'être fait une idée exacte des ſignes ſur leſquels ils doivent opérer.

Les faux jugemens dont nous n'appercevons pas exactement le rapport, nous accoutument à lier indiſtinctement des idées incompatibles : bientôt notre imagination les adopte avec ardeur, ſa chaleur deſsèche le germe de la raiſon, & nous errons au milieu d'un monde de chimères. Tel eſt l'effet funeſte que font ſur l'imagination foible des enfans auxquels on n'apprend pas à raiſonner, les myſtères qui les tranſportent dans le purgatoire, dans les enfers; les contes des fées qui les arrachent de la terre pour les promener voluptueuſement dans des palais enchantés ; les romans qui leur peignent les hommes ſous des couleurs menſongères, qui leur font chercher dans la ſociété une félicité chimérique, une perfection imaginaire, incompatible avec la nature de l'homme : telles ſont les inſtructions qui font les fanatiques, les enthoufiaftes, les dévots, les foux, & qui répandent le crime & le malheur fur la terre. (*a*)

L'homme eft placé fur la terre pour acquérir des idées & former fon jugement : on ne doit point le forcer à croire ce qu'il ne comprend point; en l'y forçant, on dénature fon ame, on l'avilit. Si nous voyons fi peu d'enfans, je ne dis pas réuffir dans la carrière des fciences, mais finir

(*a*) On croiroit peut-être que j'exagère fi j'avançois ici qu'on étoit plus éclairé à cet égard au neuvième fiècle qu'au dix-huitième; mais qu'on life dans un auteur de ce tems ce qu'il dit de la grammaire telle qu'on l'étudioit alors : "Quiconque, dit-il, ne fe contente pas „ des mots, mais tâche auffi d'y attacher des idées, doit „ étudier la grammaire; il apprendra à connoître les „ tropes, à diftinguer le fens propre du fens figuré, & „ à ne pas confondre l'un avec l'autre : *Rhaban Maurus* „ *de Inftitutione Clericorum. Lib. III. Cap. 18.*" Il paroît par-là que les Clercs de ce tems-là apprenoient une autre grammaire que celle que nous enfeignent Wailli & Reftaut; & quoique nous traitions ces fiècles d'ignorans & que nous ayons raifon à bien des égards, ils pourroient nous rendre la pareille, s'ils voyoient le peu de cas que nous faifons aujourd'hui de cette fcience, & la manière dont nous l'enfeignons.

leur éducation avec un jugement un peu formé : ce n'est pas toujours la faute de leurs dispositions, mais celle des maîtres qui les ont enseignés. Les enfans ne paroissent souvent bornés & ne restent tels toute leur vie, que parce que nous les conduisons par des routes détournées qui les fatiguent & les rebutent ; que parce que nous leur persuadons souvent par nos instructions, qu'il est bon de croire sans réfléchir ; que parce que nous favorisons par-là, la paresse qui les porte à ne pas réfléchir.

Quelque borné que paroisse un enfant, vous trouverez cependant une idée relative à ses besoins, qui lui sera claire & familière. C'est par-là qu'il faut commencer. Accoutumez-le à réfléchir sur cette idée, & bâtissez sur ce fondement.

C'est ainsi que vous conduirez insensiblement son esprit, si non à la découverte de la vérité, du moins à sentir si ce qu'on lui propose à croire est conforme ou non à la raison & au bon sens ; c'est ainsi que vous formerez des hommes.

Nous sommes environnés des ténèbres de l'erreur ; ne croyons rien sur parole, examinons ce qu'on nous propose à croire ; ne livrons pas notre ame à l'esclavage de l'opinion. Jettons nos regards dans les siècles qui sont écoulés, nous verrons toujours les enfans, tristes jouets des erreurs de leurs pères, sucer avec le lait des préjugés toujours inutiles, souvent funestes, que la tyrannie, l'ignorance ou la méchanceté avoient établis. Les préjugés anciens ont disparu; d'autres les ont remplacés; nous pleurons aujourd'hui sur le sort de ces infortunés qui, conduits par un zèle fanatique, ont trempé leurs mains dans le sang de leurs pères, ont égorgé leurs enfans sur les autels de leurs Dieux: la génération suivante pleurera peut-être sur nos extravagances. Si nous eussions été à la place de ces malheureux, qu'aurions-nous fait? aurions-nous osé porter l'œil de l'examen sur les opinions de notre enfance? aurions-nous osé ne pas enseigner à nos enfans ce que nos pères nous auroient enseigné? Nous le croyons aujourd'hui. Osons donc porter le flambeau de la vérité sur les opinions qu'on nous a inculquées dans notre enfance; examinons si elles ne sont pas fondées sur des principes semblables à ceux que nous détestons dans les siècles qui nous ont précédés.

La plus cruelle de toutes les tyrannies, la plus funeste à l'humanité, c'est celle qui s'exerce sur l'ame. Elle corrompt le germe de la raison; elle rompt le bâton que Dieu avoit donné à l'homme pour se soutenir, & le force à ramper dans la fange comme les reptiles. Pères, mères, en donnant, en souffrant qu'on donne à vos enfans dès le berceau des opinions mystérieuses que vous ne comprenez pas vous-même, vous usurpez un droit qui ne vous appartient pas; vous jettez dans leur ame les premiers germes de l'erreur & du mensonge; vous les accoutumez au mal; vous abusez du plus doux, du plus sacré des droits, du plus doux des sentimens, de l'autorité paternelle, de l'amour paternelle; vous en abusez pour dénaturer une ame que Dieu fit pour recevoir les lumières de la vérité; vous posez la pierre ténébreuse du mensonge sur le germe de la vérité; vous l'empêchez de paroître, vous l'étouffez dans sa naissance; vous retardez le progrès des lumières; vous concourez avec les méchans & les ignorans à retenir les ténèbres sur la terre : vos instructions criminelles préparent le malheur & l'ignorance des générations futures.

En mettant dans leur ame la première opinion obscure, vous posez le fondement de toutes leurs erreurs; vous brisez le ressort de leur raison; vous perdez un tems précieux que vous auriez pu employer à leur bonheur.

La vérité & la vertu sont unies par des liens indissolubles: l'une dépend de l'autre; l'une conduit à l'autre. Ainsi ce sont vos erreurs qui conduisent vos enfans aux vices. Un enchaînement de vérités leur auroit fait sentir vivement que leur bonheur dépend de la vertu. Vos erreurs ont dégoûté leur ame de la vérité. Vous les avez mis vous-même dans le chemin du mensonge, & par conséquent du vice; vous les avez forcés à soumettre leur raison au joug de vos opinions. Accoutumée à ramper, elle se soumettra bientôt à celui des passions. C'est donc vous qui les avez rendus fourbes, traîtres, dissimulés, vindicatifs; c'est vous qui les rendez enfans dénaturés, pères barbares, mauvais époux, mauvais amis, mauvais frères, mauvais citoyens. La nature avoit préparé un animal raisonnable, vous avez fait un monstre.

L'habitude de déterminer nos idées, ou les fignes qui les repréfentent, eft donc la qualité la plus néceffaire pour former des efprits juftes : elle influe fur toutes les opérations. Sans cette habitude, il n'y a que confufion & ténèbres ; avec cette habitude, tout rentre dans l'ordre, nous fommes dans la route de la vérité & du bonheur. Il faut donc tâcher de former cette habitude dans ceux que nous enfeignons ; & s'il eft trop tard pour la former en nous, foyons affez prudens pour nous défier de nos jugemens, & ne commandons point aux autres avec orgueil des opinions que nous avons prifes aveuglément.

CHAPITRE IV.

De la manière de diriger les opérations de la volonté.

TOUTES les opérations de notre ame font si étroitement liées entr'elles, que la perfection des unes produit la perfection des autres; que l'ordre une fois introduit dans les premières, s'étend naturellement jusques dans les dernières. Dès que l'esprit de l'homme s'est porté vers la vérité, dès qu'il a formé l'heureuse habitude de régler tous ses jugemens sur ses lois immuables, la raison, cette lumière divine, naît dans son ame; elle l'éclaire; elle la remplit toute entière. Si les passions ne l'ont pas encore troublée, elles se soumettront en naissant à cette lumière. Elles l'auroient embrâsée, si elles y fussent entrées les premières, semblables à un foyer ardent auquel on n'auroit pas préparé des bornes.

L'habitude de juger sainement, nous fait connoître le juste prix des choses; & les passions se règlent sur ce prix, s'il est bien connu. En vain les passions nous poussent avec impétuosité sur une route où il y a un précipice. Si notre esprit en a auparavant examiné les bords, s'il en a fondé la profondeur, quelque foit la rapidité de notre courfe, la vue du danger nous effraie, nous nous arrêtons au bord du précipice; la paffion fe rallentit, elle s'éteint.

Telle eft la force de la raifon fur les paffions lorfqu'elle a pris dans l'ame le premier & le fuprême empire. Alors elles produifent cet accord heureux de toutes les facultés de l'ame qui concourent à lui faire connoître le vrai & aimer le bon. Elles donnent la vie à toutes fes actions, les pouffent & les dirigent vers le but général; elles forment & embelliffent tous fes talens.

Tous nos talens doivent fe diriger vers ce que nous aimons; fans cela ils ne fe perfectionneront point; ils s'éteindront au contraire, & nos efforts paroîtront étrangers & ridicules. Si nous aimons le menfonge, nos ouvrages ne plairont point, parce qu'il n'y a que le vrai qui puiffe plaire. Nous ne faurons point peindre la vertu fi nous aimons le vice; nous ne faurons pas même peindre le vice si nous l'aimons : il faut le peindre sous des couleurs odieuses. Le vice présenté sous des couleurs aimables, n'est qu'un monstre déguisé. L'enveloppe peut plaire à quelques esprits superficiels; mais les bons esprits la déchireront.

La première passion que nous devons nourrir dans nos cœurs, c'est l'amour de la vérité & de la vertu. L'amour de la gloire est la seconde. Celui qui a dit que nous pouvions aimer une chose pour elle-même, étoit ou un fourbe qui vouloit tromper ses semblables, ou un ignorant qui ne connoissoit ni la nature de l'amour, ni le cœur de l'homme.

Le plaisir est le but de toutes nos actions, de tous nos désirs, de tous nos projets, de toutes nos pensées. Celui qui meurt pour le salut de ce qu'il appelle sa patrie; celui qui périt au milieu des flammes pour soutenir une opinion qu'il ne comprend point, attachent à leurs actions l'idée d'une récompense quelconque qu'ils préfèrent à tout, même à la vie : c'est ou la gloire qui leur survivra parmi les hommes lorsqu'ils seront dans le tombeau, ou les Houris de Mahomet, ou les délices quelconques qui leur font promis dans une autre vie.

L'efpérance des délices de l'autre vie eft du reffort des théologiens. Le défir de la gloire doit être l'objet des réflexions du philofophe.

La gloire eft la plus douce récompenfe de la vertu & le plus puiffant reffort des bonnes chofes. Tout écrivain qui fe vante de méprifer la gloire, trompe ou les autres ou lui-même. Mais il eft deux efpèces de gloire : la vraie & la fauffe. La première eft fondée fur les préjugés & le menfonge; la feconde l'eft fur les principes de vérité & de vertu tirés de la nature par un fens droit. La première étourdit la tête fans remplir le cœur; la feconde eft liée avec tout le fyftême de notre bonheur; elle remplit le cœur d'une joie pure : c'eft le plus haut degré de félicité que l'homme puiffe atteindre fur la terre, parce qu'elle eft produite par la vertu.

La fauffe gloire eft liée avec des idées fauffes, des jugemens faux, des raifonnemens faux. Celui qui la défire eft bien près de la folie; ceux qui la donnent font dans le délire de la folie.

La vraie gloire eft fondée fur le bonheur de nos femblables, fur leur reconnoiffance ou leur admiration. Quand nous avons travaillé à ce bonheur, elle eft la fuite & la récompenfe de la vérité & de la fageffe.

La première fut la gloire d'Alexandre & de Mahomet; la feconde celle de Titus & de Socrate.

Le défir de la vraie gloire renferme toutes les vertus; & fans vertus il n'eft point de vrais talens. C'eft en vain qu'un auteur voudra gagner les fuffrages flatteurs du public; c'eft en vain qu'il tâchera d'établir fa gloire fur des fondemens folides, fi toutes fes idées ne fortent pas d'une ame pure & d'un cœur honnête, comme d'une fource féconde. Quels font les ouvrages qui plaifent à tous les hommes de tous les tems, de toutes les nations? Ce ne font pas ceux où l'efprit feul a réuni tous fes efforts; mais ceux dont le plan eft fimple comme les chofes de la nature, dont les idées paroiffent trouvées plutôt que cherchées, dont les fentimens font naïfs & fans art. Et dans ces ouvrages, quels font les traits qui nous charment le plus? Qu'est-ce que ce sublime qui nous ravit au-dessus de l'humanité? Il ne consiste point dans de grands mots arrangés avec art, qui frappent agréablement l'oreille, mais dans une pensée simple, vraie, tirée de la nature des choses, exprimée simplement. Un sentiment vrai avoué par la nature & la vertu, exprimé en termes ordinaires, perce comme un trait l'ame du méchant ou de l'homme frivole; il va remuer jusqu'au fond de son cœur le germe du vrai que la nature y a jetté; il admire malgré lui des vertus qui le condamnent; il déteste des vices qui remplissent son cœur.

Mais comment parviendrons-nous à former en nous cette source de vraies beautés? C'est en formant notre cœur aux délices de la vérité & de la vertu; en le présentant naïvement comme un miroir uni vis-à-vis des objets de la nature; en nous passionnant pour les beautés qu'elle y peindra; c'est-à-dire pour celles qui sont relatives au bonheur de nos semblables, qui est la vraie source du nôtre.

De toutes les passions celle qui tend à faire le bonheur des autres, est la plus noble, la plus belle, la plus féconde en sentimens délicieux: elle seule produit les vrais plaisirs & la vraie gloire.

Dieu n'est heureux que parce qu'il répand partout le bonheur. L'homme qui croit être heureux sans communiquer à d'autres des jouissances agréables, s'abuse. Comblé de tous les biens de la nature, au milieu d'un paradis terrestre, l'homme sans un semblable deviendra bientôt le plus malheureux de tous les êtres.

C'est donc par le désir de faire du bien à nos semblables que nous pouvons nous approcher de la divinité. S'approcher de la divinité, c'est s'approcher de la vérité, de la vertu; c'est-à-dire de l'ordre. Nul ouvrage ne plaît sans ordre; nul ordre dans celui dont le cœur s'écarte de la nature.

Il s'ensuit de-là que celui qui veut donner à ses idées ce charme, cette grâce, cet ordre, cette vérité, qui plaisent dans tous les tems & dans tous les lieux, doit régler son cœur & son esprit, doit former dans son ame l'enchaînement heureux de toutes les vertus, doit être brûlé sans cesse du désir de remplir tous les devoirs que la nature lui impose.

Les anciens ont senti cette vérité. C'est ainsi qu'Horace l'exprime dans les vers suivans.

> Scribendi recte sapere est &, principium & fons.
> Rem tibi Socraticæ poterunt ostendere chartæ:
> Verbaque provisam rem non incerta sequentur.
> Qui didicit patriæ quid debeat & quid amicis;
> Quo sit amore parens, quo frater amandus & hospes.
> Quod sit conscripti, quod judicis officium. Quæ
> Partes in bellum missi ducis, ille profectò
> Reddere personæ scit convenientia cuique.

Voici le sens de ces vers :

Le principe & la source des bons ouvrages, c'est la vertu. La philosophie de Socrate est la source où l'on peut puiser les principes de la vraie vertu. Quand le cœur en est rempli, les mots la présentent d'eux-mêmes. Celui qui a étudié ce qu'il doit à sa patrie & à ses amis; celui qui sait comme on doit aimer un père, une mère, un frère; celui qui sait ce qu'il doit à tous ses semblables; celui qui a étudié les devoirs de sénateur, de juge, de militaire, saura donner à chaque personne le caractère qui lui convient.

L'amour de la vertu est donc la véritable source des idées destinées à plaire. Mais qu'est-ce que la vertu ? Est-ce cette bassesse d'ame que les tyrans & les prêtres ont inventée pour leur profit & pour notre malheur ? Est-ce l'habitude de voir froidement les crimes qui déchirent le genre humain; de présenter la tête au joug; de baiser les fers qui nous accablent; de tendre la joue gauche à celui qui nous a frappé sur la droite ? Non; cette vertu ne fait que des lâches; & le cœur d'un lâche ne produit que lâcheté & bassesse. C'est dans la nature qu'il faut chercher la source des vraies vertus. Elle fait connoître à l'homme ses droits, son excellence, son pouvoir; elle l'élève au-dessus de l'athmosphère de mensonges qui l'environne; elle fait naître dans son ame cet enthousiasme délicieux qui fait son bonheur au milieu des revers; cet enthousiasme formé par la jouissance du vrai, qui enveloppe son ame & la rend impénétrable à l'erreur. C'est la nature seule qui peut lui montrer les vrais devoirs, les vrais biens, les vraies beautés; elle seule lui apprend à séparer le vrai du faux, à fouler aux pieds les vaines opinions des imposteurs; elle seule lui présente ces pensées mâles & hardies qui heurtent les mensonges du monde, qui préparent les révolutions, ou du moins qui conservent sur la terre quelques restes de la dignité de l'homme.

Nous avons dit qu'il falloit présenter son cœur aux objets de la nature comme un miroir uni; mais les glaces n'ont pas toutes la même pureté; toutes ne rendent pas les objets avec la même clarté, avec le même coloris. Tous les cœurs ne sont pas également sensibles.

La sensibilité est cette qualité précieuse de l'ame qui fait qu'elle est toujours disposée à être vivement émue & touchée. Elle est la source de nos plaisirs & de nos peines; elle nous fait passer rapidement des unes aux autres. Par elle nous sentons plus vivement les attraits de la vérité, de la vertu, la laideur du mensonge & du vice. Elle nous porte plus vivement vers l'objet que nous désirons; elle augmente le feu de nos passions.

Mille impreſſions délicates affectent une ame ſenſible, qui échappent à une ame froide. Le conflit ſucceſſif des paſſions qui ſe choquent ou ſe mêlent rapidement dans la première, forme mille combinaiſons variées, mille réſultats imperceptibles, mille habitudes délicates qui influent pour ainſi dire à notre inſçu ſur toutes les autres opérations de l'ame: de-là naît peut-être cette facilité de combiner agréablement les idées, que l'on nomme eſprit.

On ſent combien la ſenſibilité doit contribuer à la beauté de nos idées. Elle eſt comme le coloris du tableau qui exiſte dans notre ame, & qui ſert de modèle à nos diſcours. Plus ce coloris ſera vif & brillant, plus nos diſcours le deviendront auſſi. Un homme qui ſent vivement, trouvera preſque toujours ſes expreſſions au-deſſous de ſon modèle; une ame froide ſera toujours contente de ſes expreſſions.

On a dit que cette ſenſibilité venoit de la nature. On a eu raiſon à certains égards. Si les organes ſont mal diſpoſés, ſi quelqu'obſtacle s'oppose à l'action libre de nos sens, nos sensations seront plus foibles, l'ame est moins émue; & ces obstacles augmentés à un certain point, causent ce qu'on appelle la stupidité.

Mais l'éducation peut aussi contribuer beaucoup à donner cette sensibilité. C'est une disposition qui augmente par l'habitude, & qui devient plus forte à proportion qu'elle est plus exercée. Il est même possible de faire naître mille occasions de la développer. Montrez à un paysan un beau morceau de l'art, tel qu'un tableau magnifique, ou une statue pleine d'expression & de grâces; ces objets ne feront sur lui qu'une impression légère; il n'en sentira point les beautés; il ne sentira point naître à cette vue l'enthousiasme qu'éprouve un homme de goût à la vue des mêmes objets. Direz-vous que cet homme n'a point de sensibilité, que son ame ne sauroit être émue ? Vous vous tromperiez. Suivez cet homme dans une église; vous le verrez s'extasier à la vue d'un morceau de bois informe & malpropre, auquel on a donné le nom d'un saint; il le fixera avec une tendresse mêlée de respect; il le priera avec ardeur : son attendrissement ira jusqu'aux larmes.

La raison en est sensible : l'exemple & l'instruction ont lié dans l'esprit de cet homme des idées de bienfaisance & de puissance à celle de ce bloc informe ; & la sensibilité de son cœur s'est développée à l'occasion de ce bloc.

Supposez ce même paysan au sortir du berceau entre les mains d'un homme habile qui l'accoutume à sentir la beauté des formes, l'élégance des contours, les charmes de l'expression ; qu'il voye tous les jours des hommes saisis d'admiration à la vue d'un beau morceau de l'art, sa curiosité naîtra ; il examinera le chef-d'œuvre avec plus d'attention ; il saisira quelques beautés les unes après les autres ; bientôt les idées de ces beautés réunies, formeront dans son ame une idée générale de beauté, qui lui causera une douce émotion toutes les fois qu'il la rencontrera.

Il en est de même des autres objets. Les beautés physiques & morales de la nature ne forment pas sur une ame livrée à l'abrutissement de l'esclavage ou de la misère, une impression aussi vive que sur celle d'un homme instruit & libre. Le paysan courbé sous le poids de ses besoins, ne voit sur la terre que le sillon qu'il trace; il ne songe qu'à éviter la misère qui le poursuit. Avec moins de besoins & d'esclavage, il auroit comme nous des jouissances délicieuses à la vue de tout ce qui l'environne. La nature l'avoit fait sensible: le malheur lui a endurci le cœur; & un cœur endurci est fermé aux vrais plaisirs & aux vraies vertus.

Il en est de même de ceux qui ont consacré tous les momens de leur vie aux fantômes des richesses, de la faveur ou de quelqu'autre objet étranger: tels sont ces gens qui ne voient jamais que de l'or au bout de leur carrière, ou qui regardant comme le bonheur suprême d'obtenir les regards d'un grand, n'osent risquer un pas sans se demander en tremblant, s'il ne produira point un coup d'œil de dédain ou de disgrâce. Ces viles passions affoiblissent dans l'homme l'amour du vrai & du beau : elles étouffent la vraie sensibilité, produisent une sensibilité factice & mensongère qui arrache l'homme de la carrière des vrais talens, & rétrécit toutes ses facultés.

Si vous voulez former des ames vraiment sensibles, accoutumez les enfans à admirer les beautés de la nature; faites-les sourire à la vue d'une prairie émaillée de fleurs; que son regard traverse avec délices une plaine pour aller se reposer sur les larges touffes d'une forêt majestueuse. Inspirez-lui des idées gaies lorsqu'il se promenera avec vous par une belle matinée; peignez-lui quelqu'objet triste, tendre ou douloureux lorsque vous vous enfoncerez avec lui dans l'obscurité d'une vaste forêt; montrez-lui quelquefois, si l'occasion s'en présente, le spectacle d'une joie pure & innocente; montrez-lui plus souvent encore celui du malheur; faites-lui verser des larmes sur l'infortuné; tirez l'idée de ses devoirs des scènes qui l'auront attendri, afin de les faire passer dans son cœur par la voie du plaisir; apprenez-lui à regarder ces devoirs comme son unique but, comme un but dont rien ne doit le détourner, pas même la mort. Que votre tendresse fasse éclore ainsi dans son jeune cœur le germe de la sensibilité. Faites-lui un besoin de votre amour, de votre douceur, de vos bienfaits; bientôt il s'en fera un de la reconnoissance. S'il vous aime, il saisira bientôt habilement les moindres nuances de chagrin, de mécontentement, de douleur, d'inquiétude, qui se succéderont sur votre physionomie ou dans vos actions: vos émotions passeront dans son ame; & cette sensibilité acquérant toujours de nouvelles forces par l'exercice & l'habitude, se mettra d'accord avec les autres facultés, & contribuera au système de la perfection de son ame.

CHAPITRE V.

De l'invention.

C'est l'exercice convenable des facultés dont nous venons de parler qui peut nous fournir une foule de sujets, qui peut nous apprendre à en faire un juste choix; qui peut nous enseigner l'art d'arranger les idées que nous aurons choisies; en un mot qui peut nous enseigner l'invention, le choix & la méthode.

Ces trois parties de l'art de penser peuvent se réunir sous le nom d'invention.

C'est le plaisir & le bonheur des hommes qui doit nous faire chercher des sujets à traiter; c'est la nature qui doit nous les offrir.

Si nous avons devant les yeux un but que nous voulons atteindre, l'invention consiste à trouver les moyens qui peuvent nous y conduire. Si nous trouvons un objet qui nous paroisse propre à conduire à un certain but, l'invention consiste à déterminer ce but.

Suppofons que La Fontaine ait voulu rendre fenfible par une fable, l'injuftice des grands qui font violence aux petits : c'étoit fon but. Pour y parvenir, il s'agiffoit de trouver dans les animaux des acteurs qui repréfentaffent d'un côté la force, l'injuftice, la violence & l'arrogance des grands; de l'autre la foibleffe, l'innocence, la timidité, le malheur des petits : & l'invention lui préfenta un loup qui enlève un agneau.

Suppofons au contraire que la première idée qui l'ait frappé, ait été un loup qui enlève un agneau, & qu'il ait fenti que cette action pouvoit le conduire à quelque but moral : l'invention lui auroit appris à trouver ce but, à le déterminer, & il auroit fenti qu'on pouvoit prouver par-là que la raifon eft bien foible contre les méchans qui ont la force en main ; en un mot que

La raifon du plus fort eft toujours la meilleure.

Deux buts généraux dans les beaux-arts : faire aimer le bien; faire haïr le mal. Pour y parvenir, il faut plaire. Afin de trouver des fujets relatifs à ces deux buts, il faut connoître l'un & l'autre.

L'étude de la nature & de la société est donc absolument nécessaire.

Quiconque ne s'accoutumera pas à considérer attentivement chaque objet, à s'en faire une idée claire, à chercher & à découvrir les liaisons imperceptibles qui les unissent les uns avec les autres, sera toujours embarrassé dans l'invention; il ne verra ni le rapport, ni la proportion, ni l'importance de chaque idée; il ne saisira que des idées vagues; il s'égarera au lieu de parvenir à son but; il n'y aura que trouble, désordre, confusion dans ses pensées & ses discours.

Il en est de même de celui qui ne connoîtra ni le monde, ni la société. La situation des hommes, leur éducation, leurs opinions, leurs mœurs, leurs relations, tout contribue à les rendre plus ou moins propres à l'invention.

Celui que la fortune a caressé dès le berceau, qui ne connoît ceux qui l'entourent que par les flatteries qu'ils lui prodiguent, celui qui n'a jamais été porté, bouleversé sur la mer inconstante du monde, se flatte en vain de connoître les hommes. C'est ainsi que la jeunesse sensible & sans expérience, est naturellement tendre & confiante. Un jeune homme adore sa maîtresse, parce qu'il ne la soupçonne pas capable de lui faire une infidélité. Il confieroit sa fortune à un dévot, parce que l'expérience ne lui a pas encore appris, que la dévotion n'est, le plus souvent, qu'un masque qui cache les crimes. Il se croit un chef-d'œuvre sur la parole de ses flatteurs, parce qu'il ne sait pas que les flatteurs ne sont que des lâches, que l'intérêt inspire.

Mais que la maîtresse soit perfide, le dévot larron, le flatteur démasqué, les yeux du jeune homme seront dessilés; & une suite d'expériences de cette espèce, lui apprendront à juger plus sainement des choses.

L'expérience nous apprend une infinité de choses, nous découvre une foule de rapports, de liaisons imperceptibles; & ces rapports, ces liaisons, deviennent une source féconde de moyens, inconnus à l'homme qui n'a rien éprouvé.

L'homme qui a végété toute sa vie sous le joug de la servitude civile & religieuse, est bien moins propre encore à s'élever à des sujets nobles

& intéreffans. La raifon de l'homme paroît s'être engourdie lorfque le fceptre de la fuperftition & du defpotifme afferviffoit la terre : elle fe réveille depuis que des hommes hardis ofent faifir ce fceptre entre les mains des prêtres, & faire des efforts pour le rompre.

Quand je dis qu'il faut étudier le monde, je ne prétends pas inférer qu'il faille adopter fes erreurs, fes préjugés & fes folies. Au contraire, il faut les étudier pour les fuir, & les détruire, pour en faire fentir l'abfurdité & le ridicule. Quand nous rencontrons quelque chofe qui nous paroît nouveau ou contraire aux principes de la raifon, ne l'adoptons pas parce qu'il eft; mais examinons s'il devroit être; examinons s'il eft tel qu'il devroit être, s'il ne pourroit pas être mieux. Il faut comparer ces fortes d'objets avec la nature : elle doit toujours être notre modèle : il faut les recevoir ou les rejetter felon qu'elle les approuve ou les condamne. C'eft dans la nature que nous trouverons la vérité. Dès que nous l'avons trouvée, qu'elle foit fans ceffe préfente à nos yeux! qu'elle nous ferve de guide & de modèle! que la faveur, la paſſion, les richeſſes, ne nous empêchent pas de la fixer avec conſtance! Sacrifions-lui tout, même la liberté & la vie! Mettons-nous dans le cas de pouvoir dire avec l'apôtre de l'humanité: (a) " L'image auguſte de la vérité m'a toujours été „ préſente. O vérité ſainte! c'eſt toi ſeule que „ j'ai reſpectée. Si je trouve quelques lecteurs „ dans les ſiècles à venir, je veux qu'en voyant „ combien j'ai été dégagé des paſſions & des „ préjugés, ils ignorent la contrée où j'ai pris „ naiſſance, ſous quel gouvernement je vivois, „ quelles fonctions j'exerçois dans mon pays, „ quel culte je profeſſois; je veux qu'ils me „ trouvent tous leur concitoyen, leur ami. " L'homme ſeul qui penſe ainſi peut trouver des ſujets propres à le conduire à l'immortalité: lui ſeul peut les traiter dignement; lui ſeul peut ſoulever la maſſe énorme de préjugés & de menſonges qui écraſent le genre humain.

Les paſſions contribuent beaucoup à la fertilité de l'eſprit. Si vous vous paſſionnez pour un but, pour un objet, ſi vous y ſongez ſans ceſſe, ſi

(a) Raynal.

vous y dirigez tous vos défirs, toutes vos penfées, toutes vos actions, vous découvrirez à chaque inftant une infinité d'objets, qui ont des liaifons plus ou moins confidérables avec votre but, ou votre objet.

Un amant eft tranfporté à la vue du portrait de fa maîtreffe enrichi de brillans; un peintre éprouve de la furprife & de l'admiration à la vue du même portrait; un avare le regarde avec des yeux avides. Tous trois ont faifi dans ce bijou le côté qui a le plus de liaifon avec leur paffion dominante. L'amant y admire les traits de l'objet qu'il aime; l'artifte, la beauté de l'ouvrage; l'homme avide, la richeffe des diamans.

Il en eft de même de l'homme de lettres qui veut écrire; s'il eft pénétré de fon fujet, s'il s'en occupe uniquement, s'il en a pris une idée claire, s'il a chaffé de fon efprit toutes les idées étrangères, il découvrira dans tous les objets des rapports qui lui fourniront de nouvelles idées; & ces idées viendront fe ranger d'elles-mêmes autour de fon fujet; il ne lui reftera plus qu'à en faire un choix convenable.

E iv

Voilà pourquoi l'enthousiasme facilite l'invention. L'enthousiasme est un état de chaleur & de fermentation, qui résulte tout d'un coup d'une foule de combinaisons, d'idées, de réflexions, de raisonnemens, de rapports. La passion fait mêler toutes ces choses dans notre ame, pour ainsi dire à notre insçu; & après nous être remplis pendant quelque tems d'un objet d'une manière souvent pénible, après avoir éprouvé la stérilité, le découragement & l'humeur, tout d'un coup nous sommes frappés par un effet subit & violent, nos raisonnemens disparoissent, le feu s'empare de toutes les facultés de notre ame, nous sommes entraînés, emportés hors de nous-mêmes, & une foule d'idées coulent comme un torrent dont on a rompu les digues.

Nous ne sommes pas maîtres de ces instans; il faut les attendre: mais l'attention, la réflexion, la méditation sur un objet qu'on aime, y conduisent presque toujours ceux à qui le ciel a donné quelques talens.

Nous dépendons tellement du corps, que notre tempérament, notre nourriture, les saisons influent plus ou moins fur la faculté de trouver ou de comparer des idées. Les uns ne peuvent méditer avec fuccès que debout; d'autres qu'en fe promenant; quelques-uns au milieu de la campagne, dans l'obfcurité de la nuit, ou le matin. Il en eft dont ne produit rien, s'ils n'ont pris auparavant quelque liqueur forte, comme du vin, du caffé, des liqueurs. Defcartes a fait au lit les méditations qui lui ont fait tant d'honneur; Voltaire prenoit une grande quantité de caffé à l'eau, & mangeoit peu quand il faifoit quelqu'ouvrage de conféquence.

Il feroit à fouhaiter que les gens de lettres nous donnaffent l'hiftoire de leurs méditations; elles pourroient être utiles à ceux qui veulent le devenir. Si j'ofois compter pour quelque chofe les petits effais littéraires qui font fortis de ma plume, ils me fourniroient à cet égard les obfervations fuivantes.

J'ai remarqué que la matinée étoit plus propre à la réflexion; & que le foir l'étoit davantage à la compofition Le matin, le fommeil a affoibli le fentiment des idées étrangères; & fi nous nous appliquons à réfléchir fur quelqu'objet, l'ame s'y prête plus volontiers & avec moins de diftractions que fi elle étoit déjà remplie & agitée. L'enthoufiafme, le feu de la compofition, n'eft pas fi indépendant qu'on le croit ordinairement de notre volonté & de nos réflexions; il dépend entièrement des idées que nous avons confidérées, comparées, arrangées : c'eft une fermentation de matières artiftement combinées, dont la raifon doit avoir dirigé l'éruption.

J'ai remarqué que rien n'étoit plus propre à difpofer l'ame à la réflexion que de refter longtems fans prendre de la nourriture. L'efpèce de foibleffe qui en réfulte, produit toujours en moi une douce mélancolie qui me préfente une foule d'idées relatives aux objets que j'étudie. Ce moyen me réuffit toujours mieux que le vin ou les autres liqueurs, qui ne font que mettre du trouble & de la confufion dans mes idées. Il m'a femblé que le feu que l'on fait naître de cette manière, eft un feu indéterminé, qui, s'allumant aux dépends de la réflexion, fert rarement à préfenter fous un jour favorable les idées dont nous nous occupons.

Le changement de lieu, la promenade, la converſation, la muſique, mettent quelquefois notre ame dans un état nouveau, lui donnent une vivacité qui produit en nous des idées qui nous frappent tout d'un coup comme des traits de lumière. Il faut être attentif à ſaiſir ces idées; ce ſont des eſpèces d'inſpirations qui ont quelquefois les ſuites plus heureuſes.

Lorſqu'un ſujet eſt une fois trouvé, lorſqu'on a bien déterminé ſon but, & qu'on connoît par conſéquent la nature des moyens qui doivent y conduire, il eſt aiſé de faire un juſte choix parmi les moyens que l'invention nous préſente.

Il eſt deux eſpèces d'ouvrages: ceux de raiſonnement, & ceux d'agrément. Dans les premiers, le choix conſiſte à prendre les moyens qui mènent au but de la manière la plus courte, la plus claire, la plus préciſe. Il faut quelque choſe de plus dans les ouvrages d'agrément. La nature offre au peintre de payſage une foule d'objets à imiter; mais elle les lui préſente pêle-mêle. Ces beautés ſont éparſes; c'eſt à lui à les raſſembler. L'art consiste à faire de ces objets un juste choix, qui donne à l'imitation une espèce de beauté que n'a point le modèle. Lorsqu'une tempête soulève les flots, on ne voit pas toujours la foudre tomber sur les vaisseaux; des rochers escarpés où les vagues & les vaisseaux se brisent; des malheureux se sauver à la nage sur des planches & des mâts; on ne voit pas toujours des chaloupes remplies, errantes çà & là, & précipitées de momens en momens dans les gouffres de l'abîme : c'est le peintre qui, par un choix raisonné, a rassemblé ces objets dans le tableau, parce qu'il les a jugés propres à produire l'effet général qu'il avoit en vue; parce qu'ils étoient naturellement liés à ce but, & il a rejetté tout ce qui s'en écartoit.

Il en est de même dans les ouvrages d'esprit. Les idées ont entr'elles des liaisons plus ou moins grandes. L'art consiste à choisir celles qui se lient le plus naturellement, le plus agréablement au but; qui donnent au sujet le plus de clarté, de vérité, de vivacité, de coloris; & à rejetter celles qui n'ont pas ces qualités. Chaque idée a un effet particulier qui eft plus ou moins beau, plus ou moins agréable. Cette beauté peut augmenter encore fi l'on fait y lier une feconde idée qui ait un rapport frappant avec elle, fi on fait en joindre une troifième, une quatrième, ainfi de fuite. Tous les effets particuliers de ces idées recevront un nouvel agrément de la manière ingénieufe dont elles feront rapprochées & liées entr'elles. De tous ces effets particuliers, réfultera un effet général qui fait le charme de l'enfemble.

Cet effet fuppofe encore la méthode; c'eft-à-dire l'art de difpofer les penfées de la manière la plus convenable & la plus propre à leur faire produire le meilleur & le plus bel effet poffible. Dans les matières de raifonnement, le meilleur effet poffible, c'eft la clarté. On y parviendra en commençant par les idées les plus faciles & en s'élevant infenfiblement jufqu'aux plus compliquées, fans omettre aucune idée intermédiaire. Dans les chofes d'agrément, il faut auffi mettre un ordre dans fes idées; mais l'art confifte à le cacher. Cet ordre doit être feulement fenti: dès qu'il frappe, il refroidit.

Dans tout sujet que l'on traite, il s'agit de parvenir à un but que l'on a déterminé. La méthode doit donc faire fentir ce but; il doit nous occuper dès le commencement: il faut le montrer tel qu'on l'a conçu.

Chaque sujet offre des parties de différente nature; les unes principales & essentielles, & les autres accessoires & surajoûtées. Les premières doivent toujours être placées de manière à être plus senties que les secondes; les secondes doivent être placées de manière à faire mieux sentir les premières. Si les accessoires surchargent le sujet principal au point de le faire disparoître ou de le rendre méconnoissable, si l'on perd de vue le but que l'on a fixé d'abord & que l'on erre indifféremment de côté & d'autre, l'ordre disparoîtra entièrement. Il faut qu'un ouvrage soit un & que toutes ses parties soient tellement proportionnées & subordonnées entr'elles, qu'elles ayent toutes une fin particulière qui se rapporte à la fin générale. L'unité d'action dans les ouvrages faits pour intéresser, dit M. de Condillac, & l'unité d'objet dans les ouvrages faits pour instruire, demandent également que toutes les parties soient entr'elles dans des proportions exactes, & que subordonnées les unes avec les autres, elles se rapportent toutes à une même fin. Par-là l'unité nous ramène au principe de la plus grande liaison des idées: elle en dépend. En effet cette liaison étant trouvée, le commencement, la fin & les parties intermédiaires sont déterminées: tout ce qui altère les proportions est éloigné; & on ne peut plus rien retrancher ni déplacer sans nuire à la lumière ou à l'agrément.

Pour découvrir cette liaison, continue le même auteur, il faut fixer son objet jusqu'à ce qu'on puisse en déterminer les principales parties, & tout comprendre dans la division générale.

Cette division étant faite, on doit chercher l'ordre où les parties contribuent davantage à se prêter mutuellement de la lumière & de l'agrément. Par-là tout sera dans la plus grande liaison.

Ensuite chaque partie veut être considérée en particulier, & subdivisée autant de fois qu'elle renferme d'objets, qui peuvent faire chacun un petit tout. Rien ne doit entrer dans ces subdivisions qui puisse en altérer l'unité; & les parties ne connoissent d'autre ordre que celui qui est indiqué par la gradation la plus sensible. Dans les ouvrages faits pour intéresser, c'est la gradation du sentiment; dans les autres, c'est la gradation de lumière.

Mais sans nous arrêter à raisonner davantage sur ces règles, passons à des exercices qui pourront les développer & nous apprendre quel usage les grands hommes en ont fait en composant leurs chef-d'œuvres. Suivons le fil qui lie les principales parties d'un bon ouvrage; recherchons la cause du désordre qui règne dans les mauvais, & accoutumons-nous à sentir cette harmonie délicieuse, qui fait le charme de tous les ouvrages de l'art.

EXERCICES

EXERCICES
SUR
L'ART DE PENSER.

PREMIER EXERCICE.

Nous avons dit qu'il y avoit deux espèces d'ouvrages: ceux de raisonnement, & ceux d'agrément. Les uns & les autres exigent un plan. Les idées doivent y être unies, enchaînées, proportionnées, & disposées de manière à former un tout régulier dont on puisse distinguer aisément & sans confusion toutes les parties. Les ouvrages même ou l'auteur se livrant à son imagination, jette négligemment tout ce qu'elle lui présente, ne sont pas sans une espèce de plan; il y a toujours un fil imperceptible qui amène les idées, & qui les lie les unes aux autres. Chaque pensée détachée forme un tout, qui a ses parties & sa disposition. Dans un ouvrage purement raifonné, l'auteur fe propofe un but. Il veut vous y conduire de la manière la plus claire, la plus précife. Il vous fait connoître d'abord le point d'où il part; il vous montre enfuite le but; il vous annonce qu'il va vous y conduire infenfiblement de principes en conféquences. Sa route eft tracée: elle forme une ligne droite du point du départ au but; il ne doit point s'en écarter. Tout ce qui l'en écarteroit feroit fuperflu. Tout chemin détourné, quelqu'agréable qu'il pût être en lui-même, dégoûteroit le lecteur, au lieu de l'amufer. Telle eft la manière dont on traite toutes les fciences exactes. Des comparaifons grácieufes, quelques brillantes, quelques juftes qu'elles puffent être d'ailleurs, feroient déplacées, fans doute, dans une démonftration géométrique.

Quelques anciens, & M. Leffing, parmi les modernes, ont prétendu que l'apologue, ou la fable, devoit fuivre cette marche; que toutes les fables, telles que celles d'Efope, devroient ne préfenter qu'un fimple récit, auffi précis que poffible, & dénué de tout ornement. Sans nous arrêter ici à difcuter cette queftion que nous traiterons au long dans notre Cours de littérature, nous allons examiner le plan de différentes fables, & prendre une idée des deux espèces de plans dont nous avons parlé.

Trois auteurs différens, *Esope, Phèdre & La Fontaine* ont enseigné par une fable, que *dans les actions où l'on soupçonne quelque danger, le parti le plus sûr est toujours le meilleur.* Voyons comme ils s'y sont pris.

PLAN de la Fable d'Esope.

Il falloit d'abord choisir des acteurs, & des acteurs d'un caractère particulier, qui pussent fournir une action d'où l'on vît naître cette vérité morale.

Ces caractères devoient être tirés des parties principales de la vérité morale. Les parties principales de la vérité morale, sont :

1°. Une action à faire.

2°. Un danger à craindre dans cette action.

3°. Un parti sûr à prendre.

La nature d'une action où il y a quelque danger à craindre, suppose dans les acteurs deux choses essentielles : la force ou la ruse d'un côté; la foiblesse & le besoin de prévoyance de l'autre.

Puisqu'il y a un parti à prendre pour éviter le danger, il faut nécessairement que d'un côté la force ne suffise pas, & qu'on ait encore besoin de la ruse; il faut que de l'autre on ne soit pas exposé sans ressource par sa propre foiblesse; mais que la prudence puisse échapper à la ruse. Voilà les caractères des acteurs indiqués. Il ne s'agit plus que de les chercher dans la nature.

Parmi tous les genres d'animaux qui vivent dans les trois élémens, on voit sans cesse des espèces plus fortes employer la force ou la ruse pour s'emparer d'autres animaux plus foibles, & pour tromper leur vigilance. Les forêts, les mers, les rivières, les airs, nos champs, nos jardins, nos maisons, nous offrent sans cesse le spectacle de ces guerres continuelles. Dans lequel de ces endroits Ésope ira-t-il chercher les acteurs de sa fable? Son but déterminera son choix. Il veut enseigner une vérité morale, une vérité utile à toutes les classes d'hommes. Il choisira des acteurs connus de tous les hommes; des acteurs qui agissent sans cesse sous les yeux de tous les hommes, dans l'intérieur de nos maisons; il choisira des animaux domestiques.

Le chien n'a point d'ennemis dans la maison de son maître. Il se contente de garder & d'avertir; il ne s'empare d'aucun animal autour de nos foyers; il n'y emploie point la ruse. Ainsi, dès qu'Esope a décidé qu'il feroit passer la scène dans une maison; le chien n'a pas le caractère qu'il cherche. Il en auroit peut-être été autrement, s'il eût choisi le lieu de la scène dans les champs couverts de gibier, ou dans les forêts.

Le chat, destiné à nous délivrer d'un ennemi agile & incommode, beaucoup plus foible que lui, mais beaucoup plus alerte, a besoin sans cesse d'employer la ruse, pour cacher les pièges qu'il lui tend. Les souris d'un autre côté, instruites par l'experience des ruses de leur ennemi, sont sans cesse obligées d'être sur leurs gardes. Elles doivent se trouver sans cesse dans le cas d'être trompées : leur étourderie peut leur coûter la vie; leur prudence peut leur faire éviter le danger.

Voilà les acteurs qui conviennent à Esope : d'un côté force & ruse; de l'autre danger & prudence. Il peut imaginer entre ces acteurs une action d'où naisse naturellement la vérité morale qu'il a envie de faire goûter.

Mais quelle sera la nature de cette action? Elle sera tirée du caractère des acteurs. Quelles en seront les circonstances? Elles naîtront de la nature de la moralité.

Le chat sera rusé; les souris seront prudentes: l'action roulera sur ces deux qualités.

Il s'agit de prouver que dans les actions où l'on soupçonne quelque danger, le parti le plus sûr est toujours le meilleur. Il faudra donc exposer les souris à un danger caché sous quelque ruse; il faudra le leur faire éviter par la prudence; il faudra leur faire prendre le parti le plus sûr.

S'il se trouve plusieurs souris dans un endroit, & qu'un chat les surprenne tout d'un coup, il n'a pas besoin de ruses; il tombe dessus & les croque. Quel sera donc le motif qui l'engagera à employer la ruse? Ce sera l'expérience des souris, qui, ayant vu le malheur d'un grand nombre de leurs semblables, se tiennent cachées dans leurs trous.

Pour faire naître cette expérience, il faut supposer que le chat en a déjà fait périr un grand nombre. Il faut donc commencer par indiquer ce carnage. La frayeur des souris doit naître de cette circonstance : elles se tiennent dans leurs trous. De cette prudence, naît dans la tête du chat, l'idée d'inventer quelques ruses pour les en faire sortir : il en invente une. La ruse sera conforme aux lieux qu'habitent ordinairement les souris. C'est dans un grenier, dans une cuisine, à une cheville fichée à la muraille. Il fera le mort; il se tiendra par la patte à cette cheville, la tête en bas, comme s'il étoit pendu. Les souris savent que le chat est voleur : on peut l'avoir pendu dans cet endroit pour quelque vol. Dans un endroit différent la pendaison n'auroit pas été si vraisemblable. Ici tout conspire à les tromper. Les souris le voient : le danger est grand. Est-il pendu ? Feint-il seulement de l'être ? Quel parti prendront-elles ? Le plus sûr. Elles se défieront d'un ennemi, même lorsqu'il paroît mort; & échappant ainsi au danger, feront sentir au lecteur, que le parti le plus sûr est le meilleur. Voici comme Ésope raconte cette fable.

FABLE D'ÉSOPE.

" UN chat ayant fû qu'une maifon du voifinage étoit infectée par des fouris, s'y tranfporta, & dévora une grande partie de ces animaux. Les fouris voyant diminuer leur nombre tous les jours, dirent entr'elles : Ne defcendons plus, fi nous ne voulons périr toutes; le feul moyen de nous garantir eft de refter ici, puifque le chat n'y peut monter. Le chat les voyant obftinées à refter chez elles, réfolut de les en faire fortir par artifice. Il grimpa fur une cheville fichée à la muraille; il fe pendit par la patte, comme s'il fût mort. Mais une des fouris mettant la tête hors de fon trou, & voyant le chat ainfi fufpendu, lui dit : Va, va, quand tu ferois fac, je ne voudrois pas approcher. "

Tout eft précis dans cette fable, nulle digreffion, nul ornement; les caractères des acteurs font fenfés connus par la connoiffance qu'on a de leur nature : ils ne font point développés. Les circonftances naiffent naturellement les unes des autres; & la fouris en difant au chat qu'elle n'eft pas dupe de fa rufe, apprend en même tems au lecteur ce que l'auteur vouloit lui apprendre.

Une feule chofe pourroit fembler s'éloigner ici de la nature. Pourquoi fuppofer que le chat apprend qu'une maifon du voifinage eft pleine de fouris? Eft-il naturel qu'un chat apprenne ce qui fe paffe dans la maifon voifine? Eft-il naturel qu'il ait un libre accès dans cette maifon? Il peut entrer par les greniers, par les caves; cela eft vraifemblable; mais ce degré de vraifemblance eft-il fuffifant? N'auroit-il pas été plus naturel de fuppofer que le chat ayant détruit prefque toutes les fouris de la maifon de fon maître, avoit infpiré une telle frayeur aux autres, qu'elles n'ofoient fortir de leurs trous? Cette circonftance auroit rendu bien plus naturelle & la rufe du chat & la prudence de la fouris. Plus on connoît le danger, plus on eft fur fes gardes. Moins un voleur trouve de proie, plus il eft porté à inventer des rufes. Phèdre & La Fontaine, qui ont travaillé fur le même fujet, ont fenti ce défaut, & l'ont évité.

DE L'ART

PLAN de la Fable de Phèdre.

Le plan de la fable de Phèdre est un peu différent. Il ne se contente pas du récit simple & précis ; il croit devoir rendre l'action plus sensible par des détails qui naissent du sujet. La voici :

FABLE DE PHÈDRE.

Mustela, cum annis & senectâ debilis,
Mures veloces non valeret assequi,
Involvit se farinâ, & obscuro loco
Abjecit negligenter : Mus escam putans,
Adsiluit, & compressus occubuit neci :
Alter similiter, deinde periit tertius.
Aliquot secutis, venit & retorridus,
Qui sæpe laqueos & muscipulas effugerat ;
Proculque insidias cernens hostis callidi :
Sic valeas, inquit, ut farina es : quæ jaces.

TRADUCTION.

« Une belette affoiblie par la vieillesse & les années, & ne pouvant plus attraper les souris alertes, se couvrit de farine, & se coucha négligemment dans un endroit obscur. Une souris la prenant pour de la pâture, sauta sur elle : elle fut prise & croquée. Une seconde vint ensuite, puis une troisième, & elles périrent de même. Quelques-unes éprouvèrent encore le même fort. Enfin il en vint une vieille & ridée, qui avoit souvent échappé aux pièges & aux souricières. Elle apperçut de loin le piège de sa malicieuse ennemie, & lui dit : Farine ou non, je n'approcherai pas. "

Ésope avoit fait naître la ruse de la frayeur que le chat avoit inspirée aux souris ; Phèdre la fait naître de la vieillesse & de la foiblesse de la belette. J'aime mieux la première cause : elle est tirée du caractère des deux acteurs. Une belette vieille & foible, ne rend pas le danger si grand, qu'un chat, qui s'est rendu pendant longtems la terreur de tout le peuple souris. L'action n'est pas si intéressante, si vive. On est accoutumé à mépriser cette vieille ennemie, qui ne peut plus courir : on peut approcher avec confiance jusqu'à une certaine distance, pour examiner la ruse ; & au moindre mouvement, on aura encore le tems de se sauver. Nous verrons tout-à-l'heure comme La Fontaine a évité ce défaut,

Ésope s'est contenté de nommer les acteurs : point d'épithète qui peigne leur caractère ; point de trait qui faſſe ſentir les ſituations. Phèdre ajoute des couleurs à l'expoſition ſimple du fabuliſte grec. C'eſt une bellette affoiblie par la vieilleſſe & les années (*annis & ſenecta debilis*); c'eſt à des ſouris alertes (*veloces*) qu'elle a affaire; c'eſt dans un endroit obſcur qu'elle ſe couche négligemment, (*obſcuro loco abjecit negligenter*) afin de mieux cacher la ruſe, & de mieux tromper l'œil attentif des ſouris. Quelques ſouris ſont priſes à ce piège. Elles devoient l'être, ne s'attendant point à cette ruſe de la vieille ennemie, qui n'inſpiroit plus de terreur. Il n'y avoit qu'une ſouris vieille & ridée, accoutumée à toutes les ruſes des chats, des ſouricières & des belettes qui pût ſoupçonner la ruſe, & l'éviter.

Nous avons vu Eſope former un plan ſimple, & ſe borner à préſenter les idées nues, telles qu'elles ſe ſuivent naturellement; nous venons de voir Phèdre caractériſer les idées principales par des idées acceſſoires, qui les rendent plus ſaillantes; nous allons voir maintenant La Fontaine étendre ces deux plans, & chercher dans ſon génie, toutes les circonſtances qui peuvent donner de la gaîté, de la variété au sujet, marquer davantage les caractères, jetter des grâces sur tout le récit, & nous conduire, en souriant, au même but où Ésope nous a conduit d'une manière sérieuse & austère. La fable d'Ésope est une esquisse; celle de Phèdre un dessein; celle de La Fontaine un tableau.

FABLE DE LA FONTAINE.

J'ai lu chez un conteur de fables,
Qu'un second Rodilard, l'Alexandre des chats,
L'Atilla, le fléau des rats,
Rendoit ces derniers misérables :
J'ai lu, dis-je, en certain auteur,
Que ce chat exterminateur,
Vrai Cerbère, étoit craint une lieue à la ronde :
Il vouloit de souris dépeupler tout le monde.
Les planches qu'on suspend sur un léger appui,
La mort aux rats, les souricières,
N'étoient que jeux auprès de lui.
Comme il voit que dans leurs tanières,
Les souris étoient prisonnières,
Qu'elles n'osoient sortir, qu'il avoit beau chercher ;
Le galant fait le mort, & du haut d'un plancher
Se pend la tête en bas. La bête scélérate
A de certains cordons se tenoit par la patte.

Le peuple des souris croit que c'est châtiment,
Qu'il a fait un larcin de rôt ou de fromage,
Egratigné quelqu'un, causé quelque dommage;
Enfin qu'on a pendu le mauvais garnement:
   Toutes, dis-je, unanimement
Se promettent de rire à son enterrement;
Mettent le nez à l'air, montrent un peu la tête;
  Puis rentrent dans leurs nids à rats;
  Puis ressortant, font quatre pas;
  Puis enfin se mettent en quête.
  Mais voici bien une autre fête:
Le pendu ressuscite, & sur ses pieds tombant,
   Attrape les plus paresseuses.
Nous en savons plus d'un, dit-il, en les gobant;
C'est tour de vieille guerre; & vos cavernes creuses
Ne vous sauveront pas, je vous en avertis;
   Vous viendrez toutes au logis.
Il prophétisoit vrai. Notre maître Mitis,
Pour la seconde fois, les trompe & les affine;
   Blanchit sa robe, & s'enfarine,
   Et de la sorte déguisé,
Se niche & se blottit dans une huche ouverte:
   Ce fut à lui bien avisé.
La gent trotte-menu s'en vient chercher sa perte.
Un rat sans plus, s'abstient d'aller flairer autour.
C'étoit un vieux routier: il savoit plus d'un tour;

Même il avoit perdu sa queue à la bataile :
Ce bloc enfariné ne me dit rien qui vaille,
S'écria-t-il de loin au général des chats :
Je soupçonne dessous encor quelque machine
    Rien ne te sert d'être farine ;
Car quand tu serois sac, je n'approcherois pas.

C'étoit bien dit à lui ; j'approuve sa prudence ;
    Il étoit expérimenté,
    Et savoit que la méfiance
    Est mère de la sûreté.

Nous avons dit que plus le chat inspirera de terreur aux souris, plus elles se tiendront renfermées dans leurs trous, plus la ruse deviendra nécessaire pour les surprendre. La Fontaine rassemble toutes les idées qui peuvent faire de ce chat, le plus terrible de tous les chats, & il fait ressortir ces idées par des allusions plaisantes & gracieuses. C'est *l'Alexandre des chats ; l'Atilla, le fléau des rats ; c'est un chat exterminateur ; un vrai Cerbère, craint à une lieue à la ronde ; un chat qui vouloit dépeupler de souris l'univers entier ; un chat plus terrible pour les souris & les rats, que toutes les souricières.* Quelle terreur ne devoit pas inspirer, parmi le peuple souris, la rénommée de ce nouvel Alexandre ? Ne doivent-elles pas trembler au moindre bruit ? Ne doivent-elles pas rester dans leurs trous, plutôt que de s'exposer à la griffe & à la dent de ce fier destructeur ? Et si elles y restent, on s'attend bien que ce *grand homme de chat* ne restera pas sans expédient & sans ruse. La ruse naît donc naturellement de son caractère & des circonstances. Il *se tient par la patte à des cordons, se pend la tête en bas, & fait le mort.* C'est un tour nouveau. Les souris ne s'y attendent pas. Jusqu'ici elles avoient plutôt été les victimes de son adresse & de sa force, que de ses ruses & de ses finesses. L'expérience ne sauroit encore leur donner de la prudence. Si elles découvroient tout d'un coup la ruse, cette découverte feroit tort à l'habileté du héros, on perdroit quelque chose de la grande idée que l'on a conçue de lui; les circonstances ne naîtroient pas les unes des autres; elles ne seroient pas filées. Les souris sont trompées; elles croyent qu'on a pendu leur ennemi, pour le punir de quelque larcin. Leur opinion est fondée; elle fait naître la confiance : voilà pourquoi

quoi elles *se promettent de rire à son enterrement*. Mais perdront-elles tout d'un coup leur ancienne crainte? sortiront-elles brusquement de leurs trous comme celles de Phèdre (*assiluit*)? Une confiance si subite ne seroit pas dans le caractère de ces animaux, accoutumés depuis si longtems à ne sortir qu'en tremblant; ou pour mieux dire, enfermés depuis si longtems dans leurs tanières sans oser voir le jour. Quoique leur cœur nage dans la joie, la lumière doit leur inspirer une terreur machinale. En sortant de leurs trous, elles se voient dépourvues de toute défense; l'idée de sécurité qui les tranquillisoit dans leurs tanières, doit les abandonner; & le passage rapide de la plus grande crainte à la plus grande confiance, ne seroit pas dans la nature : c'est par degrés qu'elles doivent passer de l'une à l'autre. Et c'est ce qui a fait chercher à La Fontaine les détails charmans exprimés dans ces vers :

Mettent le nez à l'air, montrent un peu la tête,
 Puis rentrent dans leurs nids à rats;
 Puis ressortant, font quatre pas;
 Puis enfin se mettent en quête.

G

Les fouris imprudentes feront dupes de leur confiance. Le pendu reſſuſcite, & attrape les plus pareſſeuſes. Après ce tour, les fouris ne feront plus ſi faciles à attraper. L'expérience leur a donné une bonne leçon; la prudence doit naître. Le Général des chats peut faire encore quelque tour de ſon métier; mais il ſe trouvera quelque *vieux routier* qui ſoupçonnera la ruſe; & qui, en évitant le piège, fera ſentir la moralité; & cette moralité devient plus intéreſſante par le malheur des fouris qui ont été les victimes de leur imprudence. Il eſt impoſſible de faire un choix plus vrai, plus délicat, de mieux lier les idées, de les faire naître plus naturellement les unes des autres; de les nuancer avec plus de goût & d'élégance: il eſt impoſſible de conduire plus agréablement le lecteur au but qu'on s'étoit propoſé.

SECOND EXERCICE.

Nous venons de voir par l'analyse de trois bonnes fables, la manière dont les idées se lient & se prêtent mutuellement de la lumière, dans l'esprit d'un écrivain qui s'est fait une habitude d'étudier la nature & de réfléchir avant que d'écrire. Etudions maintenant le désordre qui règne dans un mauvais ouvrage, & tâchons d'en découvrir la cause.

LE CHEVAL ET L'ANE.
FABLE.

Certain noble coursier d'Espagne ou d'Arabie,
  Fut placé dans une écurie
Qu'habitoit un baudet, infortuné grison,
Qui dans de vils emplois passoit sa triste vie.
  Rebut des gens de la maison,
Sur son dos trop souvent rouloit martin-bâton :
Encor s'il avoit pu choisir sa nourriture,
Se repaître à son gré de choux & de chardon;
Mais on ne lui donnoit qu'un peu d'herbe & de son :

Il travailloit beaucoup & couchoit fur la dure;
Et pourtant le modeste & docile animal
    Sans gémir enduroit fon mal:
Il ne fe permettoit ni plainte ni murmure.
Cependant le courfier, chéri pour fa beauté,
    Vivoit comme un enfant gâté.
Bien panfé, bien nourri, chacun lui faifoit fête;
Auffi rien n'égaloit fa folle vanité:
La douceur de fon fon fort lui fit tourner la tête.
Comme il fe rengorgeoit! portoit le nez au vent!
    Admiroit fon poil & fa taillle!
De fa haute nobleffe il fe vantoit fouvent,
Et traitoit fon voifin de chétive canaille.
Mais l'ennemi s'avance, on fonge à déloger;
Pour fe mettre à l'abri du meurtre & du pillage,
    Comme l'on peut, en ce preffant danger,
    On plie au plus vîte bagage:
On charge des effets les meilleurs du ménage
    Le baudet & fon compagnon.
    Le faix eft lourd; mais le grifon
Au travail endurci ne s'en étonne guère:
    Il trouve la charge légère,
Et gaîment fait au loin retentir fa chanfon;
Tandis que notre fat à fuperbe crinière,
    Dont le dos ne porta jamais
Que fon maître, fon fils, ou l'un de leurs valets,

Gémit & se soutient à peine :
Il fait vingt pas & perd haleine.
Bientôt n'en pouvant plus, halétant, tout en eau,
Il succombe sous son fardeau.
Voilà le fier coursier par terre ;
Il soupire, il maudit la guerre,
Qui vient de son bonheur interrompre le cours.
Il faut appeller du secours.
Arrive un passant, on l'arrête ;
On décharge la pauvre bête,
Qui perd en un moment la moitié de son prix :
Il n'est plus regardé que d'un œil de mépris.
On le néglige, il fait moins bonne chère ;
Et qui s'en trouve bien ? c'est l'âne débonnaire.
Sur son mérite enfin, son maître ouvre les yeux :
Il ordonne à ses gens qu'on le nourrisse mieux,
Et qu'il passe les nuits sur de bonne litière.
Le destin du grifon & sa propre misère,
Du cheval orgueilleux rabaissent la fierté :
« Quel changement, dit-il, & quel regret m'agite !
„ Je connois mon erreur, & noblesse & beauté
„ Sont de frivoles biens dont je fus trop flatté.

Etre utile est le vrai mérite :
Mais n'en tirons point vanité.

Dans les fables précédentes, nous avons vu paroître dès le commencement l'acteur principal, le héros de la pièce; & il y a paru caractérisé de la manière qu'il doit l'être dans tout le reste de la pièce.

Un *chat ayant su* qu'une maison du voisinage étoit infectée par des souris, *s'y transporta, & dévora* &c....

Une *belette* affoiblie par la vieillesse & les années, *ne pouvant plus* attrapper les souris, *se couvrit......se coucha......* &c.

Un *second Rodillard; l'Alexandre* des chats; *le fléau* des rats; *chat exterminateur,* vouloit dépeupler le monde de souris. On ne quitte point le héros qu'on ne l'ait fait connoître; on ne commence pas à ébaucher son portrait, pour l'abandonner ensuite, décrire un autre acteur, & revenir après cela au premier.

C'est ce qu'on voit dans la fable du cheval & de l'âne. On nous présente un coursier d'Arabie ou d'Espagne; nous avons lieu de croire que c'est l'acteur principal de la fable, & qu'on va le caractériser de manière à ne pas nous laisser des idées vagues. Point du tout. Après nous l'avoir nommé, on passe à la description d'un baudet, qui devoit être lui-même l'acteur principal, & que l'on nous peint par une tirade de onze vers. L'esprit occupé du baudet, a presque oublié le cheval, dont on ne lui a dit qu'un mot, lorsqu'on le tire brusquement & désagréablement de son attention, pour le ramener au cheval; de sorte que rejetté successivement de l'un à l'autre, il ne sait sur quoi se fixer.

Cependant le coursier chéri pour sa beauté, &c.

La peinture du cheval interrompue & reprise, prouve que l'auteur ne s'étoit pas formé une idée de ses acteurs; qu'il n'avoit pas ordonné ses idées dans l'ordre le plus naturel & le plus convenable. Cette manière ressemble à celle d'un peintre qui, voulant représenter une figure, placeroit la tête dans un coin du tableau & le tronc dans un autre.

Voilà donc deux acteurs : un cheval noble, bien nourri, chéri de tout le monde & impertinent, & un pauvre baudet rebuté de tout le monde, qui passe sa vie dans de vils emplois.

L'ennemi s'avance: on songe à déloger. Cet évènement amené tout d'un coup, est tiré d'un peu loin, & n'est point préparé. Nous ne savons point que le cheval & l'âne demeurent dans un pays de guerre. Nous sommes étonnés de voir l'ennemi s'avancer si subitement. Cette circonstance n'est pas liée avec ce qui précède; elle est mal choisie. Ce n'est pas une chose si ordinaire que de voir l'ennemi s'avancer. La chose mériteroit bien d'être préparée.

L'ennemi s'avance donc: on plie bagage au plus vîte; & on charge des meilleurs effets le baudet & son compagnon. Le faix est lourd: le grifon endurci au travail, le supporte gaîment; & fait gaîment au loin retentir sa chanson; tandis que le fat à superbe crinière, qui ne porta jamais que son maître, son fils, ou l'un de ses valets, gémit, se soutient à peine, & tombe accablé sous le faix.

Tous ces détails sont hors de la nature. Un beau cheval accoutumé à porter son maître, son fils, ou leur valet, peut bien porter des *effets de ménage*, & en porter autant que le baudet sans périr de fatigue. D'ailleurs, puisque l'on vouloit *se mettre à l'abri du meurtre & du pillage*, il étoit tout naturel que le maître ou son fils montassent sur le beau coursier, & qu'ils se sauvassent. Le cheval alors auroit été à sa place, & beaucoup plus utile que l'âne; puisqu'il auroit sauvé son maître même. C'est surtout le défaut de naturel de toutes ces circonstances, le défaut de liaison qui fait qu'on lit cette fable sans le moindre intérêt.

Le cheval tombé, il faut appeller du secours. Pourquoi ? Les gens qui l'avoient chargé pouvoient fort bien le décharger. Une famille entière qui fuit avec ce qu'elle a de plus précieux, suit ses effets, & n'a pas besoin de crier au secours pour relever un beau coursier accablé sous le poids d'un fardeau. Il falloit alléger un peu sa charge.

Arrive un passant; on l'arrête;

Idée fausse & déplacée. On n'arrête point un passant pour lui demander du secours; on l'appelle, on le prie d'aider.

On décharge la pauvre bête,
Qui perd en un moment la moitié de son prix.

Si le cheval perd la moitié de son prix, ce n'est pas sa faute; il faut s'en prendre à la bétise de son maître qui l'a fait servir à une chose pour laquelle il n'étoit pas né. D'ailleurs je ne vois pas pourquoi il perdroit la moitié de son prix. S'il est fatigué, il faut le laisser reposer, il se remettra. Et s'il peut encore porter noblement son maître ou son fils, il leur sera plus utile que l'âne, & pourra les sauver plus vîte si l'ennemi approche.

Enfin le maître méprise ce pauvre cheval, parce qu'après l'avoir porté noblement lui & son fils pendant plusieurs années, il ne peut pas, dans une seule circonstance, porter quelques *effets*. Il le néglige, lui fait faire moins bonne chère; & il ordonne au contraire que l'âne soit bien soigné, parce qu'il a ouvert les yeux sur son mérite.

Que tout cela est mal imaginé! comme tout est jetté pêle-mêle, sans choix, sans suite! Un maître qui reconnoît le mérite d'un âne, parce qu'il a porté une grosse charge de meubles à l'approche de l'ennemi; & qui méprise son cheval, parce qu'il n'a pu en faire autant, croit, fans doute, qu'il aura tous les jours befoin de fauver fes meubles, & qu'il n'aura jamais befoin de fe fauver lui-même.

Je connois mon erreur,

Ce cheval-là eft un fot; c'eft plutôt l'erreur de fon maître qu'il auroit dû connoître. Quelle eft la moralité qui naît naturellement de cette fable? La voici: *Pour être bien fervi, il ne faut pas faire faire aux ânes la befogne des chevaux, ni aux chevaux la befogne des ânes.* L'auteur en adopte une autre, ou plutôt deux, ou même trois, qui femblent collées à la fable.

      Et nobleffe & beauté
1) Sont de frivoles biens dont je fus trop flatté.

  2) Etre utile eft le vrai mérite;
  3) Mais n'en tirons point vanité.

D'après la fable, être utile fignifie ici: *paffer fa vie dans de vils emplois, & porter gaîment les effets du ménage quand l'ennemi vient.* Etre inutile, c'eft être beau, noble, alerte, & pouvoir porter son maître, son fils & son valet, & les emporter loin du danger en cas de besoin.

La dernière idée, *mais n'en tirons point vanité*, est tout-à-fait étrangère à la fable : il n'y est point question de tirer vanité de son utilité. L'âne, le seul acteur qui y soit représenté comme utile, loin de tirer vanité de ses services, est au contraire *modeste & docile*; *il endure son mal sans gémir*.

Après avoir examiné les principaux défauts de cette fable par rapport aux pensées, voyons comme on auroit pu en former le plan.

Il s'agit de montrer que *le vrai mérite est d'être utile*. Pour faire une fable d'où l'on pût voir naître naturellement cette vérité ; il faudroit mettre en opposition deux acteurs, dont l'un passeroit pour avoir beaucoup de mérite, & seroit fort estimé, quoiqu'en effet il ne fût bon à rien. Ce ne seroit pas le cheval qu'il faudroit choisir pour cela : il est estimé, & mérite de l'être. Ce seroit quelques-uns de ces animaux dont tout le prix consiste dans la fantaisie de ceux qui les aiment. Un finge, par exemple, qui n'a d'autre mérite que de vaines gambades, & qui nuit plus qu'il n'eft utile; un perroquet qui auroit été vain de la beauté de fon plumage & de fon caquet dépourvu de raifon & de fens.

L'autre perfonnage devoit être un animal utile, mais rebuté, méconnu, méprifé, malgré tout fon mérite; & l'âne étoit bien choifi. Suppofons donc que les deux acteurs de la fable doivent être un âne & un finge. Ce n'eft pas le finge qu'il faudra peindre le premier; ce fera l'âne: c'eft l'acteur principal; c'eft le héros; c'eft fur lui que doit tomber la compaffion; c'eft de fon caractère que doit naître la moralité. L'autre acteur n'eft là que pour faire contrafte, que pour faire fentir le vrai mérite du premier: il lui eft fubordonné; il ne paroîtra qu'après.

Quand on aura commencé la peinture de l'âne, il faudra l'achever, & ne pas la quitter pour faire celle du finge, puis revenir enfuite à celle de l'âne.

Il faudra enfuite faire naître quelque circonftance qui faffe fentir l'utilité de l'âne & l'inutilité du finge. Mais fi cette circonftance n'eft pas ordinaire, si elle n'est pas tirée des mœurs de ces animaux, il faudra du moins la préparer & l'amener insensiblement; si elle est naturelle, la moralité en sortira d'elle-même.

Nous rapporterons ici une fable de la Motte, dont le sujet a beaucoup de rapport avec la précédente.

L'ANE.
FABLE.

Sous quelle étoile suis-je né!
Disoit certain baudet couché dans une étable;
Que de bon cœur je donne au Diable
Le maître ingrat que le Ciel m'a donné!
Combien lui rends-je de services?
Et combien m'en faut-il essuyer d'injustices?
Debout longtems avant le jour,
Il faut marcher, porter les herbes à la ville,
Courir de porte en porte, & puis à mon retour
Rapporter le fumier qui rend son champ fertile;
Aller chercher au bois ma charge de fagot;
Toujours sur pied, toujours le trot.
Vient-il un dimanche, une fête?
Je le porte à la foire, en croupe sa Margot,
Et puis en deux paniers Jacqueline & Pierrot.
Son maudit singe encor se campe sur ma tête,

Si je m'écarte un peu pour un brin de chardon,
  Soudain marche martin - bâton.
Tandis que fon Bertrand, fon baladin de finge,
  Franc fainéant, maître étourdi,
Sautant, montrant le cul, gâtant habit & linge,
Vit fans foins, mange à table, eft fur tout applaudi.
Pefte du mauvais maître, & que Dieu le confonde!
Ami, lui dit un bœuf de cervelle profonde,
Le maître à qui le fort a voulu t'affervir,
N'eft pas pire qu'un autre. Apprends qu'en ce bas-monde,
  Il vaut mieux plaire que fervir.

Le baudet eft peint ici comme acteur principal. Il y expofe lui-même fes travaux & l'ingratitude de fon maître; enfuite vient le portrait du finge, qui ne fait que du mal, & qui eft pourtant le favori de fon maître. L'âne fe plaint; il eft dans fon étable. Il eft naturel qu'un bœuf, qui eft à côté de lui, l'entende, & qu'il tire la moralité de ce qu'il vient de dire.

  Apprends qu'en ce bas-monde
 Il vaut mieux plaire que fervir.

TROISIÈME EXERCICE.

Les principes qui dirigent un auteur dans l'économie d'une fable, le dirigeront auſſi dans le plan & la diſpoſition d'une paſtorale, d'une ode, d'un roman, d'une tragédie. Par-tout il cherchera des ſujets vraiſemblables, il inventera des circonſtances qui naîtront naturellement les unes des autres, par-tout il ſuivra pas à pas la nature qui lui indiquera les nuances, les gradations, la génération, la liaiſon des idées. Suivons Racine dans ſon Iphigénie, & tâchons de découvrir les motifs qui l'ont dirigé dans l'invention & la diſpoſition de ſon ſujet.

PLAN D'IPHIGÉNIE.

Les Grecs aſſemblés en Aulide pour aller à Troye venger l'enlèvement d'Hélène, attendent en vain des vents favorables, que les dieux leur refuſent. Agamemnon roi de Micènes, chef de l'armée, l'armée, a consulté les dieux. Ils ont répondu : qu'on ne pourroit obtenir des vents favorables, qu'en sacrifiant à Diane Iphigénie, fille du sang d'Hélène. Iphigénie est fille d'Agamemnon. Ulysse un des rois Grecs, fait promettre à ce prince qu'il livrera sa fille. Agamemnon écrit à Clytemnestre son épouse, d'amener sa fille au camp, sous prétexte de lui faire épouser Achille. Agamemnon se répent bientôt de sa promesse, & envoie au devant de la reine, pour lui dire de s'en retourner, parce qu'Achille a changé de pensée. Les princesses s'égarent en chemin, & ne rencontrent point le messager. Elles arrivent au camp avec Eriphile, jeune captive d'Achille, qui aime en secret son vainqueur. Ulysse presse le sacrifice. Agamemnon y consent. On prépare l'autel. Clytemnestre, Iphigénie & Achille croient que c'est pour l'hymen. Le messager, à qui Agamemnon a confié son secret, le révèle. Clytemnestre frémit ; Iphigénie prend la résolution d'obéir à son père ; Achille jure de la sauver & de la venger. Agamemnon voit la fureur de son épouse & les pleurs de sa fille. Achille le brave, lui reproche d'avoir abusé de son nom : il jure qu'il dé-

H

fendra la vie d'Iphigénie aux dépends de la sienne. La colère & les menaces d'Achille déterminent le père : il ordonne la mort de sa fille. Bientôt la tendresse paternelle l'emporte encore : il veut faire fuir Iphigénie. La jalouse Eriphile va révéler aux Grecs le secret de cette fuite. Le camp s'y oppose. Iphigénie est menée à l'autel. Achille, à la tête de ses amis, se prépare à s'opposer à toute l'armée. Mais le prêtre Calchas explique le sens de l'oracle. Cette Eriphile, dont on ignoroit la naissance, est fille d'Hélène & de Thésée; son vrai nom est Iphigénie. C'est elle dont les dieux demandent la mort. Elle périt sur l'autel; & la fille d'Agamemnon est sauvée.

Le sujet d'Iphigénie (*a*) est un père qui fait périr sa fille. Ce sujet par lui-même n'est point intéressant. Si le père fait périr sa fille sans un

―――――――――――――――――――――――

(*a*) Nous supposons ici que Racine n'a point tiré son sujet des anciens. Nous raisonnons comme s'il l'inventoit & le disposoit lui-même. Nous n'examinons point ici cette pièce relativement aux règles de la tragédie; nous voulons seulement suivre la liaison & la distribution des idées.

puissant motif; si ce motif n'est point combattu par la tendresse paternelle, c'est un monstre, qui n'inspire que de l'horreur. Mais si ce père, aimant tendrement sa fille, est un roi dévoré par l'ambition; s'il est à la tête de tous les rois d'une contrée; s'il les conduit à une expédition dont ils se promettent la plus grande gloire; si le succès de cette expédition dépend de la mort de sa fille; si cette mort est demandée par les dieux, si les prêtres, les chefs, l'armée exigent de ce père qu'il livre sa fille au couteau du prêtre; ce père infortuné est dans une situation propre à inspirer la terreur & la pitié, c'est-à-dire dans une situation vraiment tragique.

Le caractère d'Agamemnon, père d'Iphigénie, sera donc la base de tous les détails de la pièce, c'est là le caractère principal, tous les autres lui seront subordonnés, & serviront à le faire ressortir.

Si Agamemnon n'est qu'ambitieux & cruel; l'action ne sauroit être suspendue; Iphigénie périra sans couter une larme à ce guerrier féroce. Mais pour contrebalancer son ambition, le poëte met dans son cœur la tendresse paternelle. Le combat de ces deux paſſions rend ſon caractère plus intéreſſant, ſa ſituation plus pénible.

Le caractère d'Agamemnon une fois déterminé, quel ſera celui d'Iphigénie ? Il ſera tel qu'il doit être pour rendre la ſituation du père plus déchirante. Iphigénie méritera toute la tendreſſe que ſon père a pour elle. Elle *ſera jeune*, aura mille *vertus*. Elle aimera ſon père auſſi tendrement qu'elle en eſt aimée. La bonté, l'ingénuité, la douceur, la piété filiale, le reſpect & la ſoumiſſion formeront les principaux traits de ſon caractère. Elle ſe ſoumettra aux volontés de ſon père, elle ſe dévouera elle-même à la mort.

Si Iphigénie a une mère, le caractère de cette mère doit contribuer auſſi au but général, à rendre la ſituation plus tragique, plus intéreſſante. Un caractère de ſoumiſſion & de douceur dans une mère qui apprend que l'on va ſacrifier ſa fille, ſeroit contraire à la nature. Une mère, dans une telle circonſtance, doit ou tomber dans les convulſions du déſeſpoir, ou dans l'abattement de la douleur, ou ſe livrer aux fureurs de l'emportement. Racine a choiſi ce dernier caractère ; il fait contrafte avec celui de fa fille; remue à chaque inftant la tendreffe d'Agamemnon, il déchire fon cœur, il rend fa fituation plus embaraffante; il augmentera fes craintes, fes frayeurs & fes précautions. Agamemnon dira à fon confident:

D'une mère en fureur épargne-moi les cris.

Si Agamemnon a tant de tendreffe pour fa fille, fi cette fille mérite fa tendreffe, s'il redoute les cris d'une mère en fureur; s'il eft maître d'accorder fa fille ou de la refufer, pourquoi fa tendreffe ne l'emporte-t-elle pas fur fon ambition ? Tout paroît concourir à le faire pencher du côté de la nature & de l'humanité; tout paroît lui crier qu'il vaut mieux renoncer à l'empire de la Grèce & à la conquête de Troye, que de faire égorger fur un autel cette fille innocente & chérie.

Cette réflexion fait naître deux autres caractères; celui d'Ulyffe fin, rufé, artificieux, éloquent; & celui d'Achille fougueux, téméraire, emporté, préfomptueux, fuperbe. Le premier réveille dans le cœur d'Agamemnon l'ambition qui le preffe de facrifier fa fille. Il a arraché par fes rufes & fon éloquence la promeffe fatale d'Agamemnon;

dès que la tendreſſe paroît l'emporter dans le cœur de ce malheureux père, il lui rappelle cette promeſſe; il lui repréſente les ordres des dieux; la fureur du peuple ſi on déſobéit; il lui étale la gloire & les triomphes qui ſuivront ſon obéiſſance.

D'un autre côté, Achille aime Iphigénie, raiſon ſuffiſante, d'après ſon caractère, pour la défendre, & pour s'oppoſer avec emportement au deſſein de ſon père. Mais cet emportement augmentera encore ſi Agamemnon a fait une injure à Achille, s'il s'eſt ſervi de ſon nom pour attirer Iphigénie dans le camp, s'il lui a écrit au nom de ce héros qu'il vouloit l'épouſer en préſence de l'armée avant que de partir pour Troye. On s'eſt ſervi du nom de cet amant pour livrer ſon amante entre les mains de ſes bourreaux. Cette ſupercherie révolte Achille; il bravera Agamemnon, il lui prodiguera l'outrage & la menace; & l'orgueil de ce chef outragé ſera près d'achever ce que l'ambition ſeule ſembloit ne pouvoir faire. C'eſt après avoir été bravé & inſulté par cet amant emporté; c'eſt après que cet amant aura juré de ſauver Iphigénie aux dépends de ſa vie, qu'Agamemnon dira:

Et voilà ce qui rend fa perte inévitable,
Ma fille toute feule étoit moins redoutable.
Ton infolent amour qui croit m'épouvanter,
Vient de hâter le coup que tu veux arrêter.
Ne délibérons plus ; bravons fa violence,
Ma gloire intéreffée emporte la balance.
Achille menaçant détermine mon cœur ;
Ma pitié fembleroit un effet de ma peur.

Dans le plan que Racine s'eft tracé, il a cru qu'une fille facrifiée par les ordres de fon père feroit un fpectacle horrible & révoltant ; pour éviter cet inconvénient, il a imaginé le caractère d'Ériphile, fur lequel il a voulu faire tomber le fens de l'oracle. Pourquoi Eriphile périroit-elle au lieu d'Iphigénie ? Si cette princeffe eft bonne & vertueufe, la volonté des dieux fuffira-t-elle pour faire fupporter fa mort ? Elle aura donc un caractère odieux. Une jaloufie fombre, une méchanceté réfléchie, une perfidie odieufe formeront les principaux traits de fon caractère. Ils contrafteront admirablement bien avec la douceur, l'ingénuité & la candeur d'Iphigénie, on éprouvera une douce fatisfaction à voir fauver l'innocence ;

& puisqu'il faut que quelqu'un périsse, on sera moins fâché que le sort tombe sur celle dont le caractère odieux semble le mériter; Eriphile est isolée, sans parens, sans amis; elle ne coûte de larmes à personne, sa mort paroît être une punition de son crime; & elle sauve la vertueuse Iphigénie.

Voilà les principaux caractères déterminés. Par où Racine commencera-t-il sa pièce? Quels seront les premières idées qu'il présentera au spectateur? Nous avons vu que le personnage principal, celui sur qui roule toute l'action, c'est Agamemnon; c'est donc lui qui sera connu le premier. Et il sera connu dès le commencement, avec les principaux traits du caractère qui le rendra intéressant pendant toute la pièce; il sera représenté dans le moment où sa fille étant prête d'arriver, réveille dans son cœur la tendresse paternelle, qui le fait répentir de la fatale promesse donnée à Ulysse. C'est dans cette situation, au milieu de la nuit, ne pouvant reposer, que ses craintes & son agitation prépareront le spectateur au grand évènement qu'on va lui annoncer.

Agamemnon a besoin de quelqu'un pour envoyer au-devant de la reine, & l'empêcher d'aller plus avant; il choisit Arcas, ancien serviteur de la reine, qui est attaché à cette princesse. Celui-ci ignore ce qui cause le trouble & l'agitation de son maître. Agamemnon est obligé de le lui expliquer, & l'exposition est faite, de la manière la plus naturelle.

Il ne suffit pas que dès le commencement de la pièce le caractère d'Agamemnon soit établi par les traits principaux; il sera bon aussi que les caractères de tous les acteurs principaux soient connus. Racine n'a pas manqué de le faire dès la première scène. Voyons de quelle manière.

SCÈNE PREMIÈRE.

AGAMEMNON. ARCAS.

AGAMEMNON.

Oui, c'est Agamemnon, c'est ton Roi qui t'éveille, (*a*)
Viens reconnois la voix qui frappe ton oreille.

(*a*) Dès le premier vers, le principal acteur est connu dans une situation qui annonce son caractère. Agamemnon se lève au milieu de la nuit, éveille un de ses domestiques; il est dans le trouble, dans l'agitation; & c'est un Roi.

ARCAS.

C'est vous-même, Seigneur ! quel important besoin
Vous a fait devancer l'Aurore de si loin ? (*b*)
A peine un foible jour vous éclaire & me guide,
Vos yeux seuls & les miens sont ouverts dans l'Aulide.
Avez-vous dans les airs entendu quelque bruit ?
Les vents nous auroient-ils exaucés cette nuit ?   (*c*)
Mais tout dort & les vents & l'armée & Neptune.

AGAMEMNON.

Heureux qui satisfait de son humble fortune
Libre du joug superbe où je suis attaché,   (*d*)
Vit dans l'état obscur où les dieux l'ont caché.

(*b*) La réponse du domestique, son étonnement, le tems où il est réveillé par son maître, continuent à peindre la situation d'Agamemnon.

(*c*) Ces trois vers marquent en même tems le lieu de la scène, la situation des Grecs, & l'obstacle qui les arrête. Ils augmentent en même tems l'attente du spectateur. Agamemnon chef des Grecs se lève troublé au milieu de la nuit ; & il n'y a rien de nouveau dans le camp ; le tems est calme comme à l'ordinaire. Quel peut donc être le grand évènement qui trouble le chef de l'armée ?

(*d*) La situation s'établit de plus en plus. On attend l'évènement avec plus de curiosité. Un Roi, le chef de vingt Rois reduit à envier le sort d'un sujet obscur !

ARCAS.

Et depuis quand, Seigneur, tenez-vous ce langage?
Comblé de tant d'honneurs, par quel secret outrage
Les dieux, à vos désirs toujours si complaisans,
Vous font-ils méconnoître & haïr leurs présens?
Roi, père, époux heureux, fils du puissant Atrée, (e)
Vous possédez des Grecs la plus riche contrée,
Du sang de Jupiter issu de tous côtés,
L'hymen vous lie encore aux Dieux dont vous sortez.
Le jeune Achille enfin vanté par tant d'oracles,
Achille à qui le Ciel promet tant de miracles,
Recherche votre fille & d'un hymen si beau,
Veut dans Troye embrasée allumer le flambeau.
Quelle gloire, Seigneur, quels triomphes égalent
Les spectacles pompeux que ces bords vous étalent;
Tous ces mille vaisseaux qui, chargés de vingt Rois,
N'attendent que les vents pour partir sous vos loix. (f)
Ce long calme il est vrai, retarde vos conquêtes.
Ces vents, depuis trois mois enchaînés sur nos têtes,

(e) Ce beau vers dont chaque mot perce le cœur d'Agamemnon, doit mêler l'attendrissement au trouble & préparer la confidence qu'il va faire à son domestique.

(f) Cette énumération pompeuse des avantages brillans d'Agamemnon, augmente toujours l'attention du spectateur & amène bien naturellement l'exposition du sujet.

D'Ilion trop longtems vous ferment le chemin.
Mais parmi tant d'honneurs, vous êtes homme enfin.
Tandis que vous vivrez, le fort qui toujours change,
Ne vous a point promis un bonheur fans mélange.
Bientôt.... Mais quels malheurs, dans ce billet tracés, (*g*)
Vous arrachent, Seigneur, les pleurs que vous verfez?
Votre Orefte, au berceau, va-t-il finir fa vie?
Pleurez-vous Clytemneftre, ou bien Iphigénie?
Qu'eft-ce qu'on vous écrit? Daignez m'en avertir.

AGAMEMNON.

Non, tu ne mourras point; je n'y puis confentir. (*h*)

ARCAS.

Seigneur ...

(*g*) Etoit-il naturel qu'Agamemnon écoutât avec attention tout ce que dit Arcas? Non, il a paru inquiet, troublé; le difcours de fon domeftique qui lui demande le fujet de fon trouble, n'eft pas affez intéreffant pour lui, pour fufpendre fa douleur. Il a écrit un billet, il le lit, il l'arrofe de fes larmes. La fituation eft foutenue. Ce billet frappe les yeux du confident; rien de plus naturel. Il voit Agamemnon l'arrofer de fes larmes, il foupçonne que le fujet de fa douleur a rapport à fa famille. Voilà un pas qui nous conduit à apprendre le malheur d'Iphigénie.

(*h*) L'évènement s'annonce; quelqu'un devoit mourir; Agamemnon devoit y confentir. Il pleure. Il a un fils, une fille, une époufe. L'attention & l'intérêt redoublent à chaque mot.

AGAMEMNON.

Tu vois mon trouble, apprends ce qui le cause (*i*)
Et juge s'il est tems ami que je repose.
Tu te souviens du jour qu'en Aulide assemblés, (*k*)
Nos vaisseaux par les vents sembloient être appellés.
Nous partions; & déjà, par mille cris de joie,
Nous menacions de loin les rivages de Troye,
Un prodige étonnant fit taire ce transport.
Le vent, qui nous flattoit, nous laissa dans le port.
Il fallut s'arrêter & la rame inutile
Fatigua vainement une mer immobile.
Ce miracle inouï me fit tourner les yeux
Vers la Divinité qu'on adore en ces lieux.

(*i*) Enfin le moment est arrivé; l'auteur a fait naître avec art dans l'ame du spectateur la plus grande idée de l'évènement qu'on va lui annoncer; en le conduisant pas à pas au moment où il doit lui découvrir cet évènement; il a rassemblé avec soin tous les traits, qui pouvoient en préparer l'intérêt. Un Roi, chef de vingt Rois, comblé d'honneur, de gloire & de biens, un Roi qui possède une fille vertueuse, qui est sur le point d'unir cette fille au jeune héros qui fait l'honneur de la Grèce. C'est ce même Roi qui est accablé d'inquiétude, de trouble, de chagrin; c'est ce même Roi qui gémit sous le fardeau de la couronne & des honneurs, qui envie le sort d'un simple particulier, enfin c'est ce même Roi qui se voit engagé par une promesse funeste, & par l'honneur des Rois & de l'armée dont il est chef, à ordonner lui-même la mort de sa fille.

(*k*) Ici commence l'exposition du sujet.

Suivi de Ménélas, de Nestor & d'Ulysse,
J'offris sur ses autels un secret sacrifice. *(l)*
Quelle fut sa réponse ! Et que devins-je Arcas,
Quand j'entendis ces mots prononcés par Calchas,
Vous armez contre Troye une puissance vaine,
Si, dans un sacrifice auguste & solemnel,
  Une fille du sang d'Hélène,
De Diane, en ces lieux, n'ensanglante l'autel.
Pour obtenir les vents que le Ciel vous dénie.
  Sacrifiez Iphigénie. *(m)*

ARCAS.

Votre fille !

AGAMEMNON.

  Surpris comme tu peux penser,
Je sentis dans mon corps tout mon sang se glacer,
Je demeurai sans voix, & n'en repris l'usage
Que par mille sanglots qui se firent passage
Je condamnai les Dieux, &, sans plus rien ouïr,
Fis vœu, sur leurs autels, de leur désobéir.
Que n'en croyois-je alors ma tendresse allarmée.
Je voulois sur le champ congédier l'armée. *(n)*

(*l*) Si le sacrifice avoit été public, il ne seroit pas vraisemblable que le bruit n'en eût pas couru jusqu'à Micènes, ou que du moins Clytemnestre & Iphigénie ne l'eussent pas appris en chemin. Arcas, domestique d'Agamemnon l'auroit su, & l'exposition n'auroit pas été amenée si naturellement.

Ulysse, en apparence, approuvant mes discours, ⎫
De ce premier torrent laissa passer le cours, ⎪
Mais bientôt rappellant sa cruelle industrie, ⎪
Il me représenta l'honneur & la patrie, ⎬ (*o*)
Tout ce peuple, ces Rois, à mes ordres soumis, ⎪
Et l'empire d'Asie à la Grèce promis : ⎪
De quel front immolant tout l'État à ma fille ⎪
Roi sans gloire, j'irois vieillir dans ma famille. ⎭
Moi-même je l'avoue avec quelque pudeur ⎫
Charmé de mon pouvoir & plein de ma grandeur ⎬ (*p*)
Les noms de Roi des Rois, & de chef de la Grèce, ⎪
Chatouilloient de mon cœur l'orgueilleuse foiblesse. ⎭

(*m*) Voilà le sujet exposé. Racine va maintenant nous tracer les principaux traits des caractères.

(*n*) Les deux principaux traits du caractère d'Agamemnon sont la tendresse & l'ambition. Ces six vers commencent par établir sa tendresse pour sa fille.

(*o*) Voilà le caractère d'Ulysse. Il est artificieux, rusé, éloquent.

(*p*) Second trait du caractère d'Agamemnon ; l'orgueil & l'ambition. Cet aveu d'Agamemnon, est bien amené par le discours d'Ulysse ; ce n'est pas lui qui se représente la gloire qui l'environne ; c'est Ulysse, l'artificieux, l'éloquent Ulysse qui lui met sous les yeux tout ce qui peut chatouiller l'orgueilleuse foiblesse de son cœur. Le premier trait de son caractère lui fait honneur, il le place dès le commencement, il rappelle au contraire tout ce qui peut faire excuser le second, & ne semble en faire l'aveu qu'avec peine. Cette délicatesse contribue à le rendre plus intéressant.

Pour comble de malheur les dieux toutes les nuits,
Dès qu'un léger sommeil suspendoit mes ennuis,
Vengeant de leurs autels le sanglant privilège
Me venoient reprocher ma pitié sacrilège ;
Et, préfentant la foudre à mon efprit confus,
Le bras déjà levé menaçoient mes refus.
Je me rendis Arcas, & vaincu par Ulyſſe, } (*q*)
De ma fille en pleurant, j'ordonnai le fupplice.
Mais des bras d'une mère il falloit l'arracher. } (*r*)
Quel funefte artifice il me fallut chercher !
D'Achille qui l'aimoit j'empruntai le langage.
J'écrivis en Argos pour hâter ce voyage
Que ce guerrier preffé de partir avec nous, } (*s*)
Vouloit revoir ma fille, & partir fon époux.

ARCAS.

(*q*) Les deux traits principaux du caractère d'Ulyſſe font rapprochés dans ces deux beaux vers. *L'ambition ordonne le fupplice ; la tendreſſe paternelle fait verfer des larmes.*

(*r*) Iphigénie a une mère ; autre perfonnage principal.

(*s*) Voici un autre acteur qui prendra une grande part à l'évènement ; il aime Iphigénie ; on fe fert de fon nom pour la tromper, pour la faire venir à la mort. Nous l'avons vu dès le commencement : c'eſt un jeune héros vanté par les oracles, & à qui les Dieux promettent des miracles.

ARCAS.

Et ne craignez-vous point l'impatient Achille ?
Avez-vous prétendu que, muet & tranquille,
Ce héros, qu'armera l'amour & la raison,
Vous laisse pour ce meurtre abuser de son nom. } (*t*)

AGAMEMNON.

Achille étoit absent ; & son père Pélée,
D'un voisin ennemi redoutant les efforts,
L'avoit, tu t'en souviens, rappellé de ces bords ;
Et cette guerre, Arcas, selon toute apparence,
Auroit dû plus longtems prolonger son absence.
Mais qui peut dans sa course arrêter ce torrent ?
Achille va combattre, & triomphe en courant ; } (*u*)
Et ce vainqueur, suivant de près sa renommée,
Hier avec la nuit arriva dans l'armée.
Mais des nœuds plus puissans me retiennent le bras. (*x*)
Ma fille qui s'approche & court à son trépas,

(*t*) Le caractère d'Achille est esquissé. C'est un guerrier, un héros d'un caractère impatient, qui ne souffrira pas qu'on abuse impunément de son nom pour faire périr son amante.

(*u*) Nouvelle touche dans le caractère d'Achille.

(*x*) Trait qui prépare la manière dont Agamemnon recevra les menaces d'Achille.

Qui, loin de soupçonner un arrêt si sévère,
Peut-être s'applaudit des bontés de son père;
Ma fille... ce nom seul, dont les droits sont si saints,
Sa jeunesse, mon sang, n'est pas ce que je plains,
Je plains mille vertus, une amour mutuelle, ⎫
Sa piété pour moi, ma tendresse pour elle, ⎬ (y)
Un respect qu'en son cœur rien ne peut balancer,
Et que j'avois promis de mieux récompenser. ⎭
Non, je ne croirai point, ô ciel! que ta justice
Approuve la fureur de ce noir sacrifice.
Tes oracles, sans doute, ont voulu m'éprouver;
Et tu m'en punirois si j'osois l'achever.
Arcas, je t'ai choisi pour cette confidence: ⎫
Il faut montrer ici ton zèle & ta prudence. ⎬ (z)
La Reine, qui dans Sparte avoit connu ta foi,
T'a placé dans le rang que tu tiens près de moi. ⎭

(y) Caractère d'Iphigénie : elle est jeune, vertueuse ; son cœur est plein de tendresse & de respect pour son père.

(z) Racine non content d'établir, dès la première scène, le caractère des principaux acteurs, trace aussi ceux des acteurs secondaires, afin de ne rien laisser de vague & d'indéterminé. Arcas est un serviteur fidèle, que ses services auprès de la Reine, ont élevé à un rang auprès d'Agamemnon. Il mérite donc la confiance du Roi. Mais lorsqu'on lui ordonnera d'aller chercher Iphigénie à l'autel, son attachement pour la Reine, l'empêchera de se taire; & s'il trahit le secret de son maître, cette action sera conforme au caractère qu'on lui donne ici.

Prends cette lettre : cours au-devant de la Reine;
Et fuis fans t'arrêter le chemin de Mycène.
Dès que tu la verras, défends-lui d'avancer,
Et rends-lui ce billet que je viens de tracer :
Mais ne t'écarte point; prends un fidèle guide.
Si ma fille une fois met le pied dans l'Aulide,
Elle eft morte. Calchas, qui l'attend en ces lieux,
Fera taire nos pleurs, fera parler les Dieux;
Et la religion, contre nous irritée,
Par les timides Grecs fera feule écoutée.
Ceux même dont ma gloire aigrit l'ambition,
Réveilleront leur brigue & leur prétention;
M'arracheront peut-être un pouvoir qui les bleffe.
Va, dis-je, fauve-la de ma propre foibleffe,
Mais fur-tout ne va point, par un zèle indifcret,
Découvrir à fes yeux mon funefte fecret.
Que, s'il fe peut, ma fille, à jamais abufée,
Ignore à quel péril je l'avois expofée.
D'une mère en fureur épargne-moi les cris, (a)
Et que ta voix s'accorde avec ce que j'écris.
Pour renvoyer la fille, & la mère offenfée,
Je leur écris qu'Achille a changé de penfée;
Et qu'il veut déformais, jufque à fon retour,
Différer cet hymen que preffoit fon amour.

(a) Caractère de Clitemneftre indiqué.

Ajoute, tu le peux, que des froideurs d'Achille,
On accuse en secret cette jeune Eriphile,
Que lui-même captive amena de Lesbos,
Et qu'auprès de ma fille on garde dans Argos.
} (b)
C'est leur en dire assez; le reste il le faut taire.
Déjà le jour plus grand nous frappe & nous éclaire;
Déjà même l'on entre, & j'entends quelque bruit.
C'est Achille. Va, pars. Dieux ! Ulisse le suit.

L'action est exposée; le caractère des principaux acteurs établi; il ne s'agit plus que de les faire agir.

SCÈNE SECONDE.

AGMEMNON quitte Arcas. Quelqu'espérance luit à son cœur paternel. Achille & Ulysse paroissent. Le premier vient d'apprendre qu'Iphigénie arrive; il demande à Agamemnon s'il peut se livrer au doux espoir d'unir son sort avec elle. Figurons-nous la situation d'Agamemnon, qui a

___

(b) Voilà la rivale d'Iphigénie. On fait soupçonner qu'elle aime secrètement Achille, & qu'elle en est aimée. Cependant elle est élevée auprès d'Iphigénie : la jalousie & la perfidie sont indiquées.

abusé du nom d'Achille pour faire venir sa fille. Au nom d'Iphigénie prononcé par Achille, il sera troublé, il se dira:

> Juste ciel! sauroit-il mon funeste artifice?

Sa nouvelle résolution lui ferme le chemin de Troye. Il est naturel qu'il prépare les deux princes à ce changement; qu'il leur annonce qu'il faut renoncer à la conquête de Troye. Que dira l'artificieux Ulysse? Que fera l'impétueux Achille? Le premier sera surpris de cette nouvelle résolution; le second s'emportera; il traitera de craintes puériles les raisons d'Agamemnon; il bravera les menaces des dieux; lui seul avec son ami, il ira, s'il le faut, assiéger Troye.

SCÈNE III.

ULYSSE reste seul avec Agamemnon. Son premier soin doit être d'étouffer en lui la tendresse paternelle, & de lui rappeller sa promesse. Agamemnon espère que sa fille n'arrivera point au camp. Il promet de l'immoler si elle y arrive. Cette promesse naît de sa situation.

SCÈNE IV.

C'EST dans l'inſtant où ce père malheureux ſe flatte d'un doux eſpoir; c'eſt dans l'inſtant où il vient de promettre qu'il l'immolera, ſi elle arrive, qu'il apprend qu'elle eſt arrivée. Elle s'eſt égarée; elle n'a point rencontré Arcas.

SCÈNE V.

IL n'y a plus d'excuſe, ni de prétexte; Ulyſſe doit ſaiſir cet inſtant pour preſſer le ſacrifice. Son caractère artificieux ſemblera ſe prêter à la douleur d'Agamemnon; il feindra de mêler ſes larmes à celles de ce malheureux père; puis il lui étalera de nouveau les triomphes qui ſuivront ce ſacrifice néceſſaire.

ACTE II.

SCÈNE PREMIÈRE.

LE caractère d'Eriphile, qui n'étoit qu'un perſonnage épiſodique, n'a été qu'indiqué dans la première ſcène; il a été préſenté, pour ainſi dire, dans le lointain. Elle arrive avec Iphigénie:

il eſt tems de tracer ce caractère. Elle le fera
elle-même. La jalouſie la fait retirer à l'écart
avec ſa confidente. La joie de cette famille qu'elle
croit heureuſe, la tourmente. Elle fait à ſa confidente le détail de ſon amour pour Achille. C'eſt
le moment où elle devoit le faire.

SCÈNE II.

AGAMEMNON ayant appris l'arrivée de ſa
fille, courra-t-il au-devant d'elle ? Non; il s'en-
fermera dans ſa tente; il évitera de rencontrer
cette fille ſi chère. Elle ſera obligée de lui dire:

Seigneur! où courez-vous? Et quels empreſſemens
Vous dérobent ſitôt à nos embraſſemens?

Que répondra-t-il aux empreſſemens d'Iphigénie? Il l'embraſſera; il l'aſſurera qu'il l'aime;
mais un morne chagrin empoiſonnera ces embraſſemens. En vain ſa fille le queſtionnera, pour
en apprendre la cauſe; il ne répondra que par
des ſoupirs, que par des paroles entre-coupées.
L'inquiétude d'Iphigénie augmentera. Ses queſ-
tions ſeront plus preſſantes. Enfin naîtra ce dia-

logue sublime, chef-d'œuvre de simplicité & de sentiment le plus beau, peut-être, qui existe.

IPHIGÉNIE.

. . . .
. . . .

N'éclaircirez-vous point ce front chargé d'ennuis?

AGAMEMNON.

Ah! ma fille!

IPHIGÉNIE.

Seigneur, poursuivez.

AGAMEMNON.

Je ne puis.

IPHIGÉNIE.

Périsse le Troyen, auteur de nos allarmes!

AGAMEMNON.

Sa perte à ses vainqueurs coutera bien des larmes.

IPHIGÉNIE.

Les dieux daignent sur-tout prendre soin de vos jours!

AGAMEMNON.

Les dieux depuis un tems me sont cruels & sourds.

IPHIGÉNIE.

Calchas, dit-on, prépare un pompeux sacrifice.

AGAMEMNON.

Puissé-je auparavant fléchir leur injustice!

IPHIGÉNIE.

L'offrira-t-on bientôt ?

AGAMEMNON.
Plutôt que je ne veux.

IPHIGÉNIE.
Me fera-t-il permis de me joindre à vos vœux ?
Verra-t-on à l'autel votre heureufe famille ?

AGAMEMNON.
Hélas !

IPHIGÉNIE.
Vous vous taifez ?

AGAMEMNON.
Vous y ferez, ma fille. Adieu !

Quels difcours, quelles réflexions pourroient produire un effet auffi fublime que ce peu de mots : *Vous y ferez ma fille ?* Tant il eft vrai que l'art doit toujours être fubordonné à la nature ! Ces mots font déchirans pour le cœur d'Agamemnon ; pourroit-il y ajouter quelque chofe ? Les larmes doivent fe preffer autour de fes paupières ; il veut cacher fon fecret ; il doit détourner

la tête; il ne dira plus qu'un mot : *Adieu*; &
il se retirera, pour laisser un libre cours à ses
sanglots.

SCÈNE III ET IV.

CLYTEMNESTRE reçoit le billet d'Agamemnon; elle apprend qu'Achille a changé de pensée; qu'Eriphile est cause de ses froideurs. Elle en instruira sa fille dans la scène IV, au moment où cette tendre amante vient, dans la III. scène, de verser les secrets de son cœur dans le sein de cette perfide amie. Cette circonstance rend la situation plus intéressante; elle fait mieux sentir le caractère odieux d'Eriphile.

SCÈNE V.

IPHIGÉNIE frappée par ce trait de lumière fera des reproches à Eriphile; mais ses reproches seront conformes à son caractère; son cœur blessé mortellement, est prêt à pardonner à sa perfide rivale. Elle dira au milieu de ces reproches :

Je vous pardonne, hélas! des vœux intéressés,
Et la perte d'un cœur que vous me ravissez.

SCÈNE VI.

IPHIGÉNIE est persuadée de l'infidélité d'Achille : sa situation est liée avec ce personnage. Aussi est-ce lui qui paroîtra ? Il vient ; il est surpris de la voir en Aulide. La tendre Iphigénie ne se répandra point en vains reproches : ils ne seroient pas dans son caractère. Elle répondra seulement :

Seigneur, rassurez-vous, vos vœux seront contens,
Iphigénie encore n'y sera pas longtems.

SCÈNE VII ET VIII.

ACHILLE reste seul avec Eriphile. Moment favorable pour cette princesse : elle lui apprend qu'Agamemnon a écrit en son nom en Aulide. Etonné de cette nouvelle & des froideurs d'Iphigénie, il soupçonne quelque ruse, & jure qu'il aime toujours cette princesse. Cette découverte confond la jalouse Eriphile. Seule dans la scène VIII, elle se livre à tous les transports de la jalousie ; mais bientôt revenant à elle, sa méchanceté réfléchie soupçonne quelque malheur, & médite vengeance.

ACTE III.

SCÈNE PREMIÈRE.

CLYTEMNESTRE prête à partir, est détrompée par Achille, qui l'assure de sa fidélité. Elle doit avec empressement en avertir Agamemnon. Quel doit être le premier soin d'Agamemnon ? N'est-ce pas d'écarter une mère de l'autel où l'on doit sacrifier sa fille ? Il la prie de ne point conduire sa fille à l'autel pour la remettre à Achille. Il n'est pas naturel qu'une Reine impérieuse & vaine consente à être privée de cet honneur & de ce plaisir. Il n'y a que l'ordre d'Agamemnon qui puisse l'y forcer.

SCÈNES II, III ET IV.

CLYTEMNESTRE murmure contre Agamemnon; mais enfin le bonheur de sa fille la fait consentir à tout. L'hymen, ou plutôt le sacrifice, se prépare. Achille est dans les transports de l'amour & de la joie. Iphigénie, qui voit tout succéder au gré de ses désirs, doit sentir qu'elle a fait une injuftice à Eriphile. Son cœur eft trop bon, trop vertueux pour ne pas tâcher de la réparer. Elle fe reproche d'avoir affligé fa misère. Elle demande fa liberté à Achille, qui la lui accorde.

SCÈNES V ET VI.

CEPENDANT tout eft prêt pour le facrifice. On n'attend plus que la victime. Qui viendra la demander à fa mère de la part de fon père? Arcas le feul confident de fa douleur. Arcas doit tout à la Reine; trompera-t-il cette mère infortunée? Il a vu le fer, le bandeau, la flamme; ce fpectacle effrayant l'a glacé d'effroi. Il parlera quoiqu'il lui en coute. Il apprendra qu'Agamemnon ne demande fa fille que pour l'immoler.

Voilà la fituation des principaux acteurs changée. Clytemneftre eft frappée d'étonnement & d'horreur. Sa première penfée fera de fonger s'il n'y a point quelque fecours à efpérer. Elle ne voit qu'Achille qui puiffe défendre fa fille; elle oublie l'orgueil du diadème, & fe jette aux pieds du héros. Bientôt après elle cherche un autre moyen: elle court fe préfenter à fon époux; elle veut l'épouvanter par la fureur qui l'anime; elle veut périr plutôt que de voir immoler fa fille. La fureur d'Achille ne doit pas encore éclater. Il ne fe répand point en vaines plaintes; il fonge plutôt aux moyens de fauver la princeffe: l'étonnement & l'horreur l'ont rendu immobile; il eft abforbé dans un fombre filence. Les rufes dont on s'eft fervi pour le tromper, reviennent à fa mémoire. Il fe voit trompé, trahi, défefpéré; le foyer de la fureur s'allume dans fa poitrine: il éclatera bientôt.

Bientôt il fe répand en reproches contre Agamemnon; il jure de fauver Iphigénie. Ce projet fait frémir la jeune princeffe. Elle excufe fon père; & la nobleffe de fon caractère fe développe dans cette fcène intéreffante.

SCÈNE VII.

AGAMEMNON aura-t-il reçu fon époufe? Non fans doute; ce font fes cris qu'il craint; il aura placé des gardes de tous côtés pour l'empêcher d'approcher. Clytemneftre repouffée, fent que le danger eft preffant: elle n'a plus d'autre reffource que dans le courage d'Achille. Elle revient lui demander du secours. Achille veut aller trouver Agamemnon. Iphigénie frémit pour son père: elle arrête son amant. Les efforts qu'elle fait pour le retenir sont tirés de ce beau caractère si fécond en sentimens nobles & sublimes.

ACTE IV.

SCÈNES I. ET II. (*a*)

JALOUSIE & fureur d'Eriphile. Elle forme le projet affreux de trahir Iphigénie, & d'avertir les

---

(*a*) Après avoir vu la fureur d'Achille; après l'avoir entendu faire serment qu'Iphigénie ne périra point, on voudroit savoir ce que devient le père qui attend sa fille au pied de l'autel, au milieu de l'armée & des prêtres assemblés. Il seroit naturel qu'il vînt d'abord chercher sa fille, demander pourquoi on ne lui obéit pas. Il y a eu un entre-acte d'intervalle. Ces deux scènes ne paroissent donc pas naître naturellement des scènes précédentes; elles se lient peu avec les suivantes. Mais elles étoient nécessaires d'après le plan de Racine; il falloit développer par degrés le caractère jaloux & forcéné de cette princesse; il falloit préparer & amener ainsi le dénouement. Le défaut est donc moins ici dans la disposition des scènes que dans l'économie du plan.

Grecs qu'on veut s'oppoſer à la volonté des Dieux, & ſauver la victime. Cet aveu d'Eriphile prépare la noire trahiſon qu'elle fera bientôt. Elle ſe révolte contre Achille; elle prépare le ſpectateur à la voir, ſans pitié, périr au lieu d'Iphigénie. Clytemneſtre admire la vertu d'Iphigénie. Elle attend Agamemnon; &, ſans éclater contre lui, veut voir comme il ſoutiendra ſon artifice.

SCÈNES III, IV ET V.

AGAMEMNON attend inutilement ſa fille à l'autel. Il eſt naturel qu'il vienne voir ce qui ſe paſſe; qu'il demande pourquoi elle diffère. La fureur de Clytemneſtre a éclaté; le ſang-froid de l'indignation ſuccède un inſtant à cette paſſion. Elle interroge ſon époux avec un air de fureur étouffée; elle veut ſe contraindre, le reproche perce à chaque mot: ſon caractère violent l'emporte. Mais avec quel art Racine n'a-t-il pas amené l'explication. Clytemneſtre ne dit pas un mot qui ne doive percer le cœur d'Agamemnon. *N'avez-vous rien qui vous arrête? Vos ſoins ont-ils tout préparé? Les ſoins* d'un père qui prépare

le

le bûcher, le couteau, l'autel où sa fille va être immolée! Que cette idée est bien placée! *Et la victime, où est-elle?*

Agamemnon est troublé, confondu. Clytemnestre n'y tient plus; elle appelle sa fille.

Venez, venez ma fille: on n'attend plus que vous;
Venez remercier un père qui vous aime,
Et qui veut à l'autel vous conduire lui-même.

Reproche terrible, qui apprend à Agamemnon que tout est découvert, & qui agite, dans son cœur déchiré, le noir flambeau des Furies. Iphigénie soutient toujours son caractère; elle le développe ici de la manière la plus sublime: c'est la douceur, la tendresse, la soumission, le respect, la résignation, le courage; c'est la vertu dans tout ce qu'elle a de plus héroïque & de plus touchant. Elle dit à son père:

Quand vous commanderez vous serez obéi.
Ma vie est votre bien: vous voulez le reprendre;
Vos ordres sans détour pouvoient se faire entendre.
D'un œil aussi content, d'un cœur aussi soumis,
Que j'acceptois l'époux que vous m'aviez promis,

K

Je saurai, s'il le faut, victime obéissante,
Tendre au fer de Calchas une tête innocente,
Et respectant le coup par vous même ordonné,
Vous rendre tout le sang que vous m'avez donné. &c.

Agamemnon avoue à sa fille que les Dieux demandent sa mort. Il a tenté envain de la sauver. Il n'est plus possible de s'opposer à la licence du peuple; il faut qu'elle meure.

Clytemnestre entend ces paroles terribles. Elle n'a plus de ressource; elle ne gardera aucune mesure : elle accablera Agamemnon des reproches les plus terribles; elle lui criera dans l'excès de sa fureur :

Vous ne démentez point une race funeste;
Oui, vous êtes du sang d'Atrée & de Thyeste.
Bourreau de votre fille, il ne vous reste enfin
Que d'en faire à sa mère un horrible festin.
Barbare, c'est donc là cet heureux sacrifice
Que vos soins préparoient avec tant d'artifice !
Quoi ! l'horreur de souscrire à cet ordre inhumain,
N'a pas, en le traçant, arrêté votre main ?
Pourquoi feindre à nos yeux une fausse tristesse ?
Pensez-vous par des pleurs prouver votre tendresse ?

Où sont-ils ces combats que vous avez rendus ?
Quels flots de sang pour elle avez-vous répandus ?
Quel débri parle ici de votre résistance ?
Quel champ couvert de morts me condamne au silence ?
Voilà par quels témoins il falloit me prouver,
Cruel ! que votre amour a voulu la sauver.
Un oracle fatal ordonne qu'elle expire !
Un oracle dit-il tout ce qu'il semble dire ?
Le Ciel, le juste Ciel, par le meurtre honoré,
Du sang de l'innocence est-il donc altéré ?

. . . .
. . . .

Cette soif de régner, que rien ne peut éteindre,
L'orgueil de voir vingt Rois vous servir & vous craindre,
Tous les droits de l'Empire en vos mains confiés ;
Cruel ! c'est à ces Dieux que vous sacrifiez.
Et, loin de repousser le coup qu'on vous prépare,
Vous voulez vous en faire un mérite barbare.
Trop jaloux d'un pouvoir qu'on veut vous envier,
De votre propre sang vous courez le payer,
Et voulez, par ce prix, épouvanter l'audace
De quiconque vous peut disputer votre place.
Est-ce donc être père ? Ah ! toute ma raison
Cède à la cruauté de cette trahison.
Un prêtre environné d'une foule cruelle,
Portera sur ma fille une main criminelle,

K ij

Déchirera son sein; &, d'un œil curieux,
Dans son cœur palpitant consultera les Dieux!
Et moi, qui l'amenai triomphante, adorée,
Je m'en retournerai seule & désespérée!
Je verrai les chemins encor tout parfumés
Des fleurs dont, sous ses pas, on les avoit semés.

Mais elle ne souffrira point qu'on emmène sa fille. Il faudra l'arracher de ses bras; de ses bras tout sanglans.

Non, je ne l'aurai point amenée au supplice,
Ou vous ferez aux Grecs un double sacrifice.
Ni crainte ni respect ne m'en peut détacher:
De mes bras tout sanglans il faudra l'arracher.
Aussi barbare époux qu'impitoyable père,
Venez, si vous l'osez, la ravir à sa mère! &c.

Agamemnon reste seul déchiré par les justes reproches de son épouse, & par les cris d'un cœur paternel.

SCENES VI, VII, VIII, IX ET X.

ACHILLE cherchoit Agamemnon: il le brave. L'orgueil de celui-ci se révolte contre ses menaces & ses reproches. L'intérêt de sa gloire l'emporte ; il jure la mort de sa fille. Il appelle ses gardes pour la faire emmener. A peine a-t-il donné cet ordre cruel, que la tendresse reprend le dessus. Qui va-t-il livrer à la mort ? Une fille innocente & chérie, qui présente elle-même sa tête pour lui obéir ! Non, elle ne périra point : elle vivra ; mais la gloire d'Agamemnon sera vengée ; il humiliera Achille : Achille l'aime, elle vivra pour un autre que pour lui. Agamemnon ne pouvoit prendre ce parti qu'en trouvant un moyen de se venger, sans quoi il auroit agi contre son caractère.

Il fait appeler les princesses : il leur ordonne de fuir ; & se livre encore à un doux espoir.

SCENE XI.

LA jalouse rage d'Eriphile ne repose point. Le moment où Iphigénie est prête d'échapper, est celui où cette rage doit augmenter. Elle sort dans le dessein de perdre la princesse ; elle court tout découvrir au prêtre Calchas.

ACTE V.

SCENES I ET II.

IPHIGÉNIE n'a pu sortir du camp. L'armée avertie par Eriphile, s'est opposée à sa fuite. Il faut mourir. Elle se résout à la mort. Mais l'impétueux, l'intrépide Achille ne se rendra point. Il Il jurera de défendre son épouse malgré elle. Il lui dira :

> Le prêtre deviendra la première victime,
> Le bûcher, par mes mains détruit & renversé,
> Dans le sang des bourreaux nagera dispersé.
> Et si, dans les horreurs de ce désordre extrême,
> Votre père frappé tombe & périt lui-même,
> Alors, de vos respects voyant les tristes fruits,
> Reconnoissez les coups que vous aurez conduits.

SCENES III, IV, V ET VI.

LES gardes veulent emmener Iphigénie. Clytemnestre se jette au milieu d'eux. Iphigénie embrasse sa mère, elle ordonne qu'on la conduise à l'autel. Sa mère veut la suivre: on retient ses pas. Elle apprend que c'est Eriphile qui l'a trahie; elle se répand en imprécations contr'elle ; elle voit sa fille livrée à la mort; elle voit lever le couteau, son esprit se trouble, elle entend gronder la foudre, elle sent trembler la terre. Mais elle apprend qu'Achile s'est fait un parti, qu'il veut sauver Iphigénie Un reste d'espérance luit encore à son cœur: elle veut courir pour seconder l'amant de sa fille. Ulysse paroît; elle croit sa fille morte : mais il vient lui annoncer qu'elle vit; & lui apprend sur qui est tombée la colère des Dieux & le sens de l'oracle.

Racine a fait parler tous les personnages de la manière dont ils devoient parler, d'après les caractères qu'il avoit établis. Les évènemens se suivent naturellement; ils naissent les uns des autres. Chaque acteur ne parle que dans le moment où il est naturel qu'il le fasse. Ce qu'il devoit dire dans la circonstance où il se trouve, il le dit; & il le dit avec le degré de passion qui doit l'animer dans cette circonstance.

Je remarquerai ici, que les grands crimes & les passions criminelles, représentées sur la scène, ne font jamais une impreſſion auſſi ſenſible ſur le ſpectateur, que les combats héroïques d'une ame vertueuſe, que ces ſacrifices ſublimes, que la vertu fait à ſes devoirs. S'il eſt poſſible qu'un poète, avec de grands talens, faſſe excuſer les plus grands crimes, & inſpire de la compaſſion pour ceux qui les commettent; je dirai que ce poète abuſe de ſes talens, s'il le fait. Racine nous inſpire de la compaſſion pour Phèdre. Mais que cette compaſſion eſt différente de celle qu'on éprouve à la vue d'Iphigénie, qui ſe ſacrifie pour plaire à ſon père! Cependant qu'on examine bien attentivement ſi c'eſt préciſément pour Phèdre criminelle que l'on a de la compaſſion. Non, c'eſt pour Phèdre, qui fait des efforts pour vaincre ſa paſſion; pour Phèdre, qui n'oſe avouer cette paſſion criminelle; à qui les remords troublent la raiſon, qui eſt déchirée par ces remords, qui rougit de ſes feux, qui verſe des larmes ſur ſon égarement, qui veut mourir plutôt que d'avouer ſon fatal amour. C'eſt pour Phèdre conduite pas à pas dans l'abîme du crime, par une femme qui abuſe des plus tendres ſentimens, pour l'amener à l'aveu honteux de fa paffion; c'eft pour Phèdre qui, fur le point de révéler fon funefte fecret, s'écrie:

Tu vas ouïr le comble des horreurs,

C'eft donc la vertu qui fait naître la compaffion. Le crime de Phèdre n'en paroît pas moins affreux: mais on en rejette toute l'horreur fur fon exécrable confidente. Point de compaffion pour le crime en lui-même. S'il y en a pour celle qui l'a commis, elle prend fa fource dans fes remords & dans les pièges où on l'a conduite. L'art de Racine a confifté ici à raffembler toutes les circonftances qui peuvent détourner l'horreur du crime de Phèdre fur fon odieufe confidente. Ce n'eft plus Phèdre qui paroît coupable d'une flamme inceftueufe, c'eft Œnone, Œnone qui a entretenu cette paffion funefte par fes criminelles efpérances; Œnone qui met le comble à fon crime, en accufant elle-même Hyppolite. Point de compaffion pour le vrai criminel, ou plutôt pour celui fur qui l'art du poëte a fu raffembler l'odieux du crime. On a reproché à Racine d'avoir donné à Œnone un caractère trop odieux. Il me femble que ce reproche est injuste. Plus le caractère de cette confidente sera affreux, plus on se prêtera à l'illusion qui la charge de tout le crime, pour en décharger Phèdre; plus on aura de compassion pour cette dernière.

Ce qu'on pourroit, peut-être, à plus juste titre reprocher à Racine dans cette tragédie; c'est de s'être écarté de la nature en représentant un *amour incurable*. La fureur de Vénus, qui adoucit cette faute, ne sauroit la justifier entièrement. En général, il me semble que les amours où le cœur est entraîné, malgré lui, par une passion fatale & sans rémède, sont des restes de la barbarie des siècles de chevalerie.

Ils ont pris naissance dans ces tems où la sévérité des femmes échauffoit l'imagination des amans; où il falloit soupirer pendant des années pour obtenir la faveur singulière de baiser le bout du gant de sa belle. Le changement de mœurs à cet égard, nous a défait d'un préjugé barbare. Notre amour est devenu plus doux, plus humain, plus tranquille, plus confiant; & on ne se pend plus à la porte d'une maîtresse cruelle. Un reste de l'ancienne galanterie subsistoit encore du tems de Louis XIV. Il n'y avoit guère de roman sans belle passion; point de tragédie sans amour. Aujourd'hui toutes les expressions de cette fade galanterie nous paroissent insipides; & il n'y a guère que le charme harmonieux du style de Racine qui puisse faire supporter Bérénice. Cet amour *à étoile & à destinée* ne sauroit être banni avec trop de soin des ouvrages d'esprit. Il est faux & hors de la nature; les peintures que l'on en fait sont souvent dangereuses pour les jeunes personnes. Il est doux de se voir adoré; il est doux d'enchaîner un amant sur ses pas, par le pouvoir irrésistible de ses charmes. L'amour-propre accoutume un jeune cœur à cette idée agréable. Que ne sacrifie-t-on pas pour conserver cet empire flatteur? Et ce sont ces sacrifices qui le détruisent. Une jeune personne bercée de cette chymère, dédaigne souvent un honnête homme qui l'aime & l'estime sans convulsions & sans grands mots, pour se livrer à un fat, qui semble ne l'adorer un instant que pour la mépriser le reste de sa vie. Que l'amour est touchant lorsqu'il est fondé sur la vertu! C'est celui-là qu'il faut peindre & infpirer : il eft la fource de tout le bonheur de la fociété. De lui découlent tous les autres fentimens de la nature qui font le bonheur de l'homme, ou qui adouciffent fes maux. Mais l'amour fondé fur la vertu ne fera point invincible, irréfiftible. Si l'on ne peut poffèder l'objet qu'on aime, on cédera à l'autorité paternelle, aux lois, au devoir; & en le perdant, on pourra en conferver un doux fouvenir; mais jamais une paffion furieufe, qui mette fon honneur en danger, ou qui faffe pouffer l'extravagance jufqu'à attenter à fa propre vie. Un amant qui fe tue parce qu'il ne peut poffèder fa maîtreffe, eft un fou. Et fi les arts peignent un fou, il faut que ce foit pour le rendre ridicule, ou même odieux, fi fa folie eft dangereufe pour la fociété : il faut que ce foit pour détourner de fon exemple ceux qui feroient difpofés à l'imiter.

Fontenelle a remarqué que tout ce qui a un air de hardieffe, d'élévation, d'indépendance, flatte naturellement notre inclination, qui va toujours à donner plus à la force qu'à la raifon, & au courage qu'à la prudence; & qu'au contraire ce qui est régulier & sage, a je ne sais quoi de froid qui, quelquefois même peut tomber dans le ridicule. Je ne sais si cette observation est bien juste. Il s'ensuivroit de-là, que les caractères raisonnables & vertueux feroient moins d'impression que ceux des téméraires & des extravagans. Il suffiroit peut-être pour décider de la justesse de cette observation, de comparer la différence du sentiment que produit le caractère d'Achille & celui d'Iphigénie.

Les caractères raisonnables & vertueux, en général, sont peut-être moins saillans; parce que la raison & la vertu paroissent être l'état naturel de l'homme. Ils n'offrent rien d'extraordinaire: il faut beaucoup d'art pour leur donner de la force, du mouvement, de l'éclat. Pour cela, il faut savoir faire naître des circonstances propres à les développer dans toute leur étendue; leur opposer des caractères méchans & vicieux, qui les relèvent & les fassent sortir de manière à attirer sur eux le principal intérêt. Ne perdons point de vue, que le grand but des arts est non seulement de plaire, mais aussi d'être utile. Il est possible que le caractère d'un fcélérat, faffe la plus grande impreffion; mais fi ce caractère n'eft pas préfenté d'une manière relative à un but moral, le but de l'artifte peut être rempli; mais celui de l'art eft manqué.

Dans Iphigénie Achille eft impétueux, audacieux, téméraire. S'il étoit tel fans avoir les plus grandes raifons de l'être; fi le développement de ce caractère n'étoit pas lié à des vertus pour lefquelles le fpectateur s'intéreffe, ce caractère bouilland feroit froid & peut-être révoltant. Un jeune téméraire qui veut, lui feul avec quelques amis, s'oppofer à une armée commandée par vingt Rois, qui brave & infulte le chef de ces Rois, n'eft en lui-même qu'un fou & un extravagant. S'il eft la victime de fa témérité, nous ne donnerons aucune larme à fa mort. Mais fi cette audace eft excitée par l'amour d'un objet vertueux, auquel il eft lié felon toutes les lois de la décence & de l'honneur; fi l'on a abufé de fon nom pour arracher de fes bras cet objet intéreffant; s'il s'agit d'arracher à la mort la plus vertueufe, la plus douce des princeffes, la plus foumife des filles, la plus tendre des amantes; si le spectateur tremble pour les jours de cette princesse, l'audace & la témérité d'Achille feront sur lui la plus grande impression; son caractère deviendra intéressant par la liaison qu'il a avec l'honneur & l'intérêt de la vertu; & s'il succombe dans l'exécution de son projet téméraire, on versera des larmes sur son malheur.

C'est donc sur la vertu seule que doit tomber le véritable intérêt dans tous les ouvrages de l'art : c'est cet intérêt qui doit nous diriger dans l'invention de nos sujets, dans la distribution des plans, dans l'économie de nos ouvrages. Tout ce que nous inventons hors de la vertu, ne doit servir qu'à la faire briller davantage, ou à la rendre plus intéressante, ou à inspirer pour elle plus de compassion si elle est malheureuse.

Mais nous traiterons cette matière plus au long dans notre Cours de littérature. Nous avons voulu seulement donner ici une idée de la manière dont les bons auteurs forment leurs plans, de ce qui les détermine dans l'invention de leurs caractères & dans l'économie d'un ouvrage; nous avons voulu suivre le fil des idées, qui lient entr'elles les parties principales d'un bon ouvrage ; nous avons voulu montrer comment le défaut de plan & d'économie produit de la confusion dans un ouvrage, & forme des monstres.

Passons maintenant à la manière dont les idées principales se développent dans un ouvrage quelconque, & se lient aux accessoires. Etudions l'art de trouver & de choisir ces accessoires ; & apprenons à groupper les idées de la manière la plus avantageuse, la plus convenable & la plus agréable.

QUATRIÈME EXERCICE.

S'IL y a de la difficulté à inventer un sujet, à déterminer des caractères, à ordonner les parties principales d'un ouvrage de la manière la plus propre à produire le meilleur effet possible; il y en a peut-être plus encore à développer chacune de ces parties de la manière la plus agréable, & en même tems la plus convenable au but qu'on s'est proposé. L'invention est l'ouvrage de l'homme de génie, la disposition celui de l'homme de jugement, le développement celui de l'homme de goût. C'est la nature qui dispense à son gré toutes ces qualités, ou du moins c'est elle qui jette dans l'ame les sémences précieuses que l'art fait éclore; & sans lesquelles tous les efforts de l'art seroient inutiles.

Le développement des parties principales d'un ouvrage se fait par les accessoires. Par le mot *accessoire* je n'entends pas ici, comme les logiciens, des choses qui, quoique liées au sujet principal, s'en écartent cependant assez pour le faire perdre

L

de vue. Au contraire; dans les ouvrages de raisonnement, j'appelle accessoire tout ce qui modifie les idées principales de manière à leur prêter plus de clarté; dans les ouvrages de goût, c'est tout ce qui donne de la vivacité, de l'éclat, du coloris, du caractère aux images que l'on veut représenter, tout ce qui rend plus vif le sentiment qu'on veut peindre.

Chaque partie principale d'un ouvrage a ses accessoires, chaque idée particulière peut avoir les siens.

Dans les uns & les autres, il est deux écueils à éviter; le premier c'est le trop grand nombre d'idées accessoires, qui loin de jetter de la clarté ou de l'agrément sur les idées principales, ne feroient au contraire que les rendre obscures & désagréables ; le second ce sont les accessoires vagues & éloignés, qui ne conviennent point à la chose, ou ne la modifient que d'une manière froide & indéterminée. Suivons un instant un bon auteur dans un ouvrage de raisonnement, & voyons comme il développe & modifie ses idées principales.

Nous examinerons ici le commencement du discours de J. J. Rousseau *sur l'origine & les fondemens de l'inégalité parmi les hommes.*

Rousseau commence par établir le sujet de la question. *Il s'agit de marquer dans le progrès des choses, le moment où le droit succédant à la violence, la nature fut soumise à la loi ; d'expliquer par quel enchaînement de prodiges le fort put se résoudre à servir le foible, & le peuple à acheter un repos en idée au prix d'une félicité réelle.*

Son discours se divise naturellement en deux parties.

Dans la première, il examinera s'il y a une inégalité sensible entre les hommes dans l'état de nature ; & ayant conclu pour la négative, la seconde partie montrera l'origine & les progrès de cette inégalité dans les développemens successifs de l'esprit humain, & dans l'établissement des sociétés.

Pour parvenir à la conclusion de la première partie ; il falloit considérer deux espèces de facultés dans l'homme naturel, celles du corps & celles de l'ame ; c'est-à-dire, examiner l'homme physique & l'homme moral, dans l'état de nature, & établir cette conclusion sur un nombre suffisant de raisonnemens & de preuves.

Nous allons fuivre Rouffeau dans la première divifion de la première partie de fon difcours; c'eft-à-dire, dans celle où il examine ce qu'étoit l'homme phyfique dans l'état de nature.

Rouffeau a fenti d'abord qu'il feroit fort néceffaire à l'éclairciffement de fa queftion, de favoir quelle a été l'origine de l'homme ; mais, d'un autre côté, il a vu que cette origine fe perdoit dans la nuit des fiècles, & qu'il n'étoit pas poffible d'en tirer des principes qui puffent fervir de fondement à des raifonnemens folides; ainfi il a décidé qu'il ne chercheroit point de principes dans cette origine. Voici à peu près la forme fous laquelle cette penfée a du fe préfenter d'abord à fon efprit.

[*Première idée principale.*] „ Quoiqu'il foit très-important pour bien juger de l'état naturel de l'homme, de le confidérer dès fon origine ; [*Seconde idée principale.*] je ne le ferai point, [*Troifième idée principale.*] parce que je ne faurois former fur ce fujet que des conjectures vagues ; [*Quatrième idée principale.*] Ainfi je fuppoferai l'homme de tout tems tel qu'il eft aujourd'hui."

Voilà les parties principales de la pensée de Rousseau; il va développer celles qui doivent l'être.

Qu'est-ce que *considérer l'homme dès son origine ?* Cette idée pourroit paroître vague à bien des lecteurs. Est-ce rechercher comment s'opère sa génération, son accroissement; comment se développent ses facultés ? Est-ce examiner comment il s'est trouvé sur la terre ? Non; ce n'est point là la pensée de l'auteur; il va la développer par des accessoires relatifs à son but; & le lecteur ne sera plus dans l'incertitude.

Considérer l'homme dès son origine, comme il seroit nécessaire de le faire pour en tirer des principes relatifs à la manière dont s'est formée l'inégalité parmi les hommes; " c'est l'examiner, pour ainsi dire, dans le premier embryon de l'espèce; c'est suivre son organisation à travers ses développemens successifs; c'est rechercher dans le système animal ce qu'il put être au commencement, pour devenir ce qu'il est; c'est examiner si, comme le pense Aristote, ses ongles allongés ne furent point d'abord des griffes crochues ; s'il n'étoit point velu comme un ours; & si, marchant à quatre pieds, fes regards dirigés vers la terre, & bornés à un horifon de quelques pas, ne marquoient point à la fois le caractère & les limites de fes idées. "

Voilà l'idée principale développée de la manière la plus convenable au but. Une autre idée qui demande à être développée, c'eft celle-ci : *je ne pourrois former fur ce fujet que des conjectures vagues.* Bien des lecteurs demanderont, pourquoi ? L'auteur va s'expliquer: " C'eft parce que l'anatomie comparée a fait encore trop peu de progrès; parce que les obfervations des naturaliftes font encore trop incertaines. „

On dira encore: qu'entendez-vous par *fuppofer l'homme tel qu'il eft aujourd'hui ?* Et R. préviendra cette queftion, en joignant à fon idée des acceffoires qui la développent: " C'eft le fuppofer conformé de tout tems, comme on le voit, marchant à deux pieds, fe fervant de fes mains comme nous faifons des nôtres; portant fes regards fur toute la nature, & mefurant des yeux la vafte étendue du ciel,

Ces idées ainsi arrangées, ainsi développées dans la tête de l'auteur, il ne s'agissoit plus que de les rendre par le discours; & alors la chose étoit aisée.

« Quelqu'important qu'il soit, pour bien juger
„ de l'état naturel de l'homme, de le considérer
„ dès son origine, & *de l'examiner, pour ainsi*
„ *dire, dans le premier embryon de l'espéce,* (a)

———

(a) Nous remarquerons ici en passant que Rousseau a su distribuer ses accessoires de manière à proportionner entre elles les parties principales de l'expression. Après avoir dit: *de l'examiner dans le premier embryon de l'espéce,* il auroit pu suivre le même rapport en disant: *de suivre son organisation à travers ses développemens successifs, de rechercher dans le système animal ce qu'il put être au commencement; d'examiner si, comme le pense Aristote, ses ongles allongés ne furent point d'abord &c. . . s'il n'étoit point velu &c.*: mais l'expression de la seconde idée principale: *je ne le ferai point,* auroit été trop courte relativement à la longueur de la première. Rousseau a donc rejetté sur cette seconde idée une partie des accessoires de la première, & au lieu d'accumuler tous les accessoires dans le même rapport & de dire ensuite, *je ne ferai point* tout cela, ou quelque chose de semblable; il a mieux aimé dire: *je ne suivrai point son organisation &c., je ne m'arréterai pas à rechercher &c., je n'examinerai pas &c.* De cette manière

» je ne suivrai point *son organisation à travers ses*
» *développemens successifs;* je ne m'arrêterai pas *à*
» *rechercher dans le système animal ce qu'il put*
» *être au commencement, pour devenir enfin ce qu'il*
» *est ;* je n'examinerai pas *si, comme le pense*
» *Aristote, ses ongles alongés ne furent point d'a-*
» *bord des griffes crochues ; s'il n'étoit point velu*
» *comme un ours ; & si, marchant à quatre pieds,*
» *ses regards dirigés vers la terre, & bornés à un*
» *horison de quelques pas, ne marquoient point à*
» *la fois le caractère & les limites de ses idées.* Je
» ne pourrois former sur ce sujet que des conjec-
» tures vagues & presqu'imaginaires. *L'anatomie*
» *comparée a fait encore trop peu de progrès, les*
» *observations des naturalistes sont encore trop in-*
» *certaines, pour qu'on puisse établir sur de pareils*
» *fondemens la base d'un raisonnement solide;* ainsi,
» *sans avoir recours aux connoissances surnatu-*

les deux idées principales sont mieux liées & plus rapprochées, toutes les parties principales de l'expression sont dans une juste proportion, & le lecteur est conduit insensiblement jusqu'au but : *je supposerai l'homme tel qu'il est*; but qui lui étoit indiqué dès le commencement par le mot *quoique*.

„ *relles que nous avons sur ce point;* (*b*) *& sans*
„ *avoir égard aux changemens qui ont dû survenir*

b) *Ainsi, sans avoir recours aux connoissances surnaturelles que nous avons sur ce point*. . Cette idée ne paroît pas suivre naturellement de ce qui précède; comme semble l'indiquer le mot *ainsi*. De ce que Rousseau ne pouvoit considérer l'homme dans son origine, de ce qu'il ne vouloit pas suivre les progrès de son organisation, ni rechercher dans le système animal ce qu'il put être au commencement, on ne pouvoit conclure qu'il *n'auroit point recours aux connoissances surnaturelles que nous avons sur ce point;* au contraire, les lumières de la raison ne lui offrant que des conjectures vagues & imaginaires, il étoit naturel qu'il eût recours aux connoissances surnaturelles *que nous avons* sur ce point. Mais il faut considérer que Rousseau écrivoit pour des Académiciens éclairés qui pouvoient le comprendre à demi mot; & qu'il vouloit éviter probablement les accusations des prêtres & des dévots. Pour les académiciens, la pensée étoit: *Je ne m'arrêterai ici à aucune des choses qui ne me fourniroient que des conjectures vagues & imaginaires,* ainsi *je n'aurai point recours aux connoissances surnaturelles que nous croyons avoir sur ce point.* S'il avoit développé ces idées & qu'il en eût marqué plus sensiblement les rapports, tous les académiciens auroient pu être de son avis; mais il n'en auroit pas été de même de l'académie. Quant aux prêtres mal-intentionnés, ils n'avoient rien à dire; le *que nous avons sur ce point,* mettoit à même de ré-

„ *dans la conformation tant intérieure qu'extérieure*
„ *de l'homme, à mesure qu'il appliquoit ses mem-*
„ *bres à de nouveaux usages, & qu'il se nourrissoit*
„ *de nouveaux alimens,* (*c*) je le supposerai con-
„ formé de tout tems, comme je le vois aujour-
„ d'hui, *marchant à deux pieds, se servant de ses*
„ *mains comme nous faisons des nôtres, portant*
„ *ses regards sur toute la nature, & mesurant des*
„ *yeux la vaste étendue du ciel.*"

Continuons. (*Idées principales.*) L'homme tel qu'il est conformé, sortant des mains de la nature,

pondre à leurs accusations, & on leur annonçoit qu'on rejettoit les idées que l'Écriture nous donne de l'origine de l'homme, non parce qu'on les croyoit fausses; mais parce qu'on se proposoit d'examiner la question par les seules lumières de la raison.

(*c*) *Ainsi . . . sans avoir égard aux changemens &c. je le supposerai &c. . .* Cette partie, *sans avoir égard &c.* est l'abrégé de tous les accessoires de la première idée; elle est mise ici pour rappeller tous ces accessoires, qui se lient naturellement avec la quatrième idée principale *je le supposerai &c.* & qui avoient été interrompus par le besoin de développer la troisième idée principale, *je ne pourrois former sur ce sujet que des conjectures vagues.*

est organisé plus avantageusement que tous les autres animaux, pour satisfaire ses besoins.

1°. Qu'entendez-vous par *sortant des mains de la nature?* Voulez-vous parler seulement de son corps, ou des qualités de son ame? Le supposez-vous avoir reçu des dons surnaturels? Lui supposez-vous la tache du péché originel, des idées innées, quelques idées acquises? Toutes ces idées sont autant d'accessoires qui peuvent développer l'idée principale.

2°. Comment l'*homme est-il plus avantageusement organisé que tous les autres animaux*, lui qui n'a point d'armes pour défendre une proie qui lui est disputée par tant d'animaux plus forts que lui?

Si l'auteur sait écrire, il préviendra toutes ces questions; il déterminera ses idées; il ne restera rien de vague. Voici comme R. s'explique:

« *En dépouillant cet être, ainsi constitué de*
„ *tous les dons surnaturels qu'il a pu recevoir, &*
„ *de toutes les facultés artificielles qu'il n'a pu ac-*
„ *quérir que par de longs progrès;* en le considé-
„ rant en un mot tel qu'il a dû sortir des mains
„ de la nature, je vois un animal *moins fort que*

« les uns, moins agile que les autres; mais à tout
« prendre, organise le plus avantageusement de
« tous: je le vois se rassasiant sous un chêne, se
« désaltérant au premier ruisseau, trouvant son lit
« au pied du même arbre qui lui a fourni son repas:
« & voilà ses besoins satisfaits.

« La terre abandonnée à sa fertilité naturelle, &
« couverte de forêts immenses que la coignée ne mu-
« tila jamais, offre à chaque pas des magasins &
« des retraites aux animaux de toute espèce. Les
« hommes dispersés parmi eux, observent, imitent
« leur industrie, & s'élevent ainsi jusqu'à l'instinct
« des bêtes, avec cet avantage que chaque espèce n'a
« que le sien propre, & que l'homme n'en ayant
« peut-être aucun qui lui appartienne, se les appro-
« prie tous, se nourrit également de la plupart des
« alimens divers que les autres animaux se parta-
« gent, & trouve par conséquent sa substance plus
« aisément que ne peut faire aucun d'eux. »

Rousseau a mis une juste proportion dans le développement de ses idées. A chaque pensée, il ajoute ce qui est nécessaire, & il ne dit rien de plus. Dans le premier exemple, les idées principales étoient évidentes; il ne s'agissoit, pour ainsi dire, que d'expliquer dans quel sens on les entendoit, ou d'indiquer en gros les raisons générales sur lesquelles elles étoient fondées. Les accessoires y sont conformes; ils ne disent rien de plus.

Il n'en est pas de même ici : on avance une chose nouvelle, une chose dont la vérité ne frappe pas d'abord; une chose que bien des gens prendront pour un paradoxe. Il s'agit de montrer que *l'homme est organisé plus avantageusement que tous les autres animaux, pour satisfaire ses besoins.*

Cette proposition est la base de tout ce que l'auteur va prouver dans cette partie. Car s'il est vrai que, dans l'état de nature, l'homme soit organisé plus avantageusement que tous les autres animaux, il s'ensuivra de là que l'inégalité naturelle aura moins d'influence parmi les hommes, qu'elle n'en a parmi les animaux.

L'auteur va donc travailler à établir les preuves de cette proposition par plusieurs points principaux, qu'il développera d'une manière convenable.

Première Idée principale.

L'homme, dans l'état de la nature, forme & développe fon corps d'une manière qui lui procure un tempérament robufte & inaltérable.

Développement.

« Accoutumés dès l'enfance aux intempéries de l'air, & à la rigueur des faifons, exercés à la fatigue, & forcés de défendre, nus & fans armes, leur vie & leur proie contre les autres bêtes féroces, ou de leur échapper à la courfe, les hommes fe forment un tempérament robufte & prefqu'inaltérable. „

Première Raison.

« Les enfans apportent au monde l'excellence conftitution de leurs pères, & la fortifiant par les mêmes principes qui l'ont produite, acquièrent ainfi toute la vigueur, dont l'efpèce humaine eft capable, ...

Deuxième Raison.

" Le corps de l'homme sauvage étant le seul instrument qu'il connoisse, il l'emploie à divers usages dont, par le défaut d'exercice, les nôtres sont incapables; & c'est notre industrie qui nous ôte la force & l'agilité, que la nécessité l'oblige d'acquérir. „

Développement de cette deuxième raison.

" S'il avoit eu une hache, son poignet romproit-il de si fortes branches? S'il avoit eu une fronde, lanceroit-il de la main une pierre avec tant de roideur? S'il avoit eu une échelle, grimperoit-il si légèrement sur un arbre? S'il avoit eu un cheval, feroit-il si vîte à la course? Laissez à l'homme civilisé le tems de rassembler toutes ses machines autour de lui, on ne peut douter qu'il ne surmonte facilement l'homme sauvage; mais si vous voulez voir un combat plus inégal encore, mettez les nus & désarmés vis-à-vis l'un de l'autre, & vous reconnoîtrez bientôt quel est l'avantage d'avoir sans cesse toutes ses forces à sa disposition, d'être toujours prêt à tout évènement, & de se porter, pour ainsi dire, toujours tout entier avec soi. „

Deuxième Idée principale.

L'homme sauvage apprend biéntôt à ne plus craindre les autres animaux.

Développement.

" Hobbes prétend que l'homme est naturellement intrépide, & ne cherche qu'à attaquer & combattre. Un philosophe illustre pense au contraire, & Cumberland & Puffendorf l'assurent aussi, que rien n'est si timide que l'homme dans l'état de nature, & qu'il est toujours tremblant & prêt à fuir au moindre bruit qui le frappe, au moindre mouvement qu'il apperçoit.

Cela peut être ainsi pour les objets qu'il ne connoît pas, & je ne doute point, qu'il ne soit effrayé par tous les nouveaux spectacles qui s'offrent à lui, toutes les fois qu'il ne peut distinguer le bien ou le mal physique qu'il en doit attendre, ni comparer ses forces avec les dangers qu'il a à
courir;

courir ; circonſtances rares dans l'état de nature, où toutes choſes marchent d'une manière ſi uniforme, & où la face de la terre n'eſt point ſujette à ces changemens bruſques & continuels, qu'y cauſent les paſſions & l'inconſtance des peuples réunis. Mais l'homme ſauvage, vivant diſperſé parmi les animaux, & ſe trouvant de bonne heure dans le cas de ſe meſurer avec eux, il en fait bientôt la comparaiſon, & ſentant qu'il les ſurpaſſe plus en adreſſe qu'ils ne le ſurpaſſent en force, il apprend à ne les plus craindre, &c. &c.

. . . .

TROISIÈME IDÉE PRINCIPALE.

L'enfance, la vieilleſſe & les maladies ne mettent pas l'homme ſauvage dans un état plus deſavantageux que les autres animaux.

Développement de cette penſée.

« D'autres ennemis plus redoutables, & dont l'homme n'a pas les mêmes moyens de ſe défendre, ſont les infirmités naturelles, l'enfance, la vieilleſſe & les maladies de toute eſpèce ; triſtes ſignes de notre foiblesse, dont les deux premiers sont communs à tous les animaux, & dont le dernier appartient principalement à l'homme vivant en société. J'observe même au sujet de l'enfance, que la mère portant partout son enfant avec elle, a beaucoup plus de facilité à le nourrir que n'ont les femelles de plusieurs animaux, qui sont forcées d'aller & venir sans cesse avec beaucoup de fatigue, d'un côté pour chercher leur pâture, & de l'autre pour allaiter ou nourrir leurs petits. Il est vrai que, si la femme vient à périr, l'enfant risque fort de périr avec elle; mais ce danger est commun à cent autres espèces, dont les petits ne sont de longtems en état d'aller chercher eux-mêmes leur nourriture; & si l'enfance est plus longue parmi nous, la vie étant plus longue aussi, tout est encore à peu près égal en ce point . . . . Chez les vieillards, qui agissent & transpirent peu, le besoin d'alimens diminue avec la facilité d'y pourvoir; & comme la vie sauvage éloigne d'eux la goutte & les rhumatismes, & que la vieillesse est de tous les maux celui que les secours humains peuvent le moins soulager, ils s'éteignent enfin fans qu'on s'apperçoive qu'ils ceffent d'être, & prefque fans s'en appercevoir eux-mêmes. „ . . . .

De toutes ces idées principales ainfi développées l'auteur conclut ce qu'il avoit annoncé au commencement, que l'homme eft organifé plus avantageufement que les autres animaux.

Ceci fuffira pour nous montrer la manière dont les idées principales fe développent par des acceffoires, dans les ouvrages de raifonnement. on aura remarqué fans doute, que l'on part d'un point pour arriver à un but, & que l'on ne perd jamais ce but de vue. Si les acceffoires, au lieu de fe borner à développer les idées principales, étoient développés eux-mêmes par d'autres acceffoires, & ceux-ci par d'autres encore, de manière à faire oublier le but; l'efprit du lecteur, détourné fans ceffe de la route qu'on lui a indiquée d'abord, ne fauroit comment y revenir; fon attention feroit portée fucceffivement d'un objet à l'autre, & fa lecture deviendroit néceffairement pénible & ennuyante.

CINQUIÈME EXERCICE.

Voyons maintenant le mauvais effet que font les accessoires, lorsqu'ils sont pris sans choix, employés sans goût, accumulés sans ordre, & qu'un auteur jette au hazard des mots vagues, sans prendre la peine d'examiner si ce sont des expressions.

Un Académicien (*a*) veut montrer, dans un mémoire sur l'éloquence, que l'Orateur & le Poète ont reçu de la nature des qualités particulières, qui forment en eux des caractères semblables, auxquels on peut les reconnoître. Voici comme il s'y prend.

" L'homme éloquent, ou que la nature a doué des qualités nécessaires pour devenir un grand orateur, peut se distinguer, ce me semble, aux mêmes caractères, qui nous font connoître le vrai poète. Il est frappé de tout. Tous les êtres

---

(*a*) Mr. Borelly, Professeur d'éloquence & membre de l'académie de Berlin, premier mémoire sur l'éloquence. Berlin 1774. pages 12 & 14.

lui font éprouver quelque senfation. Il s'intéresse à tout ce qui est dans la nature. Aucune idée n'entre dans son ame qu'elle n'y éveille un sentiment. Il parcourt l'univers d'un coup d'œil ; & il s'émeut à la préfence des objets dont il est entouré. Ses affections, font aussi durables que vives ; & le plaisir qu'il en reçoit lui est précieux. Il s'abandonne à tout ce qui l'augmente. Il cherche des couleurs, des traits ineffaçables pour donner un corps aux fantômes mêmes, qui font l'ouvrage de fon imagination, & qui la tranfportent ou qui l'amusent. Il perce les abimes. Il vivifie la matière. Il colore la pensée. Il se transforme dans les perfonnages qu'il fait agir ; & dans la chaleur de son enthousiasme, il prend tous les caractères. Entraîné par la fougue de ses pensées, livré tout entier à la facilité de les combiner, forcé de produire, il s'élance d'un vol rapide vers une vérité lumineuse, qui est bientôt la fource de mille autres. Il tire un principe fécond du fein des ténèbres, & mefurant, par l'activité de la pensée, l'efpace immenfe qu'il a devant lui, il part d'un point comme l'éclair ; & déjà il touche à fon but. ,,

Reprenons ces accessoires & examinons leurs principaux défauts.

I.

Les accessoires sont mauvais lorsque plusieurs signifient à peu près la même chose. C'est ce qu'on trouve ici ; & il n'y a pas grande différence entre ces idées.

1. Il est frappé de tout.
2. Tous les êtres lui font éprouver quelque sensation.
3. Il s'émeut à la présence des objets dont il est entouré.
4. Il s'intéresse à tout ce qui est dans la nature.
5. Aucune idée n'entre dans son ame qu'elle n'y éveille un sentiment.

C'est presque toujours la même pensée répétée cinq fois en termes à peu près synonimes.

Tout, tous les êtres, les objets dont on est entouré, tout ce qui est dans la nature, toutes les idées qui entrent dans l'ame.

Ces cinq expressions prises dans le sens que l'académicien leur donne dans les phrases où il les emploie, signifient à peu près la même chose.

Il en est de même des cinq expressions suivantes : *Il est frappé, il éprouve quelque sensation, il s'émeut, il s'intéresse, un sentiment s'éveille dans son ame.* Et cela est si vrai que vous pouvez les substituer les unes aux autres sans que le sens en souffre beaucoup. Ainsi vous direz fort bien :

Il est frappé de tous les êtres.

Tout lui fait éprouver quelque sensation.

Il est frappé à la présence des objets dont il est entouré.

Il s'émeut de tout, de tous les êtres, de tout ce qui est dans la nature ; de tout ce qui l'entoure.

Tout ce qui est dans la nature, le frappe, l'émeut, lui fait éprouver quelque sensation.

Toutes les idées qui entrent dans son ame le frappent, l'émeuvent, lui font éprouver quelque sensation, l'intéressent &c. &c.

Le Professeur d'éloquence s'embarasse dans ses idées à peu près comme le bourgeois gentilhomme de Molière quand il veut faire des complimens à sa belle Marquise ; & ses cinq phrases ressemblent assez à celles-ci de Monsieur Jourdain :

"Madame, ce m'eſt une gloire bien grande, de me voir aſſez *fortuné*, pour être ſi *heureux* que d'avoir le *bonheur* que vous ayez eu la bonté de *m'accorder la grâce*, de me *faire l'honneur* de *m'honorer de la faveur* de votre préſence.

2.

Ces acceſſoires ſont vagues & indéterminés.

On peut être frappé de tout, s'intéreſſer à toute la nature, s'émouvoir à la vue des objets & regarder comme quelque choſe de précieux le plaiſir qu'on éprouve, ſans être pour cela ni poète ni orateur. Ces choſes conviennent également au philoſophe, au phyſicien, à preſque tous les artiſtes. Les mauvais orateurs comme les bons *cherchent des couleurs, des traits ineffaçables pour donner un corps aux fantômes mêmes de leur imagination;* on ne peut donc pas regarder ces choſes comme les caractères diſtinctifs des bons poètes & des bons orateurs.

L'acteur *ſe transforme auſſi dans les perſonnages qu'il fait agir, & dans la chaleur de ſon enthouſiaſme, il en prend tous les caractères.*

Le bon peintre *s'émeut* aussi *à la vue des objets de la nature, le plaisir qu'il en reçoit lui est précieux, il s'abandonne à tout ce qui l'augmente; il cherche des couleurs, des traits ineffaçables, il vivifie la matière, il colore la pensée, il se transforme dans les personnages qu'il fait agir; il est entraîné par la fougue de ses pensées, il est forcé de produire.*

Le philosophe *parcourt* aussi *l'univers d'un coup d'œil, il perce* aussi *les abimes; entraîné par la fougue de ses pensées, livré tout entier à la facilité de combiner, forcé de produire, il s'élance d'un vol rapide vers une vérité lumineuse, qui est bientôt la source de mille autres, il tire un principe fécond du sein des ténèbres; & mesurant, par l'activité de la pensée l'espace immense qu'il a devant lui, il part d'un point comme l'éclair, & déjà il touche à son but.*

Ainsi ces accessoires conviennent également au philosophe, au peintre, à l'acteur, aux artistes dans presque tous les genres; *ils ne serviront donc point* comme le prétend l'académicien, *à nous faire reconnoître le grand orateur & le vrai poëte.*

M 5

3.

Ces accessoires sont accumulés sans ordre.

Pour placer convenablement plusieurs accessoires, qui servent à développer une pensée; il faut avoir égard à la liaison qu'ils ont avec cette pensée, & à celle qu'ils ont entre eux.

Notre professeur s'est peu embarassé de ces règles dictées par le bon sens, il a entassé les mots tels qu'ils se sont présentés à sa mémoire. Après que son orateur a été *frappé de tout*; il *parcourt l'univers d'un coup d'œil* comme s'il n'avoit été frappé de rien; & il semble n'avoir parcouru l'univers, que pour venir *s'émouvoir ensuite à la présence des objets dont il est entouré*, & qui l'ont déjà frappé, ému, intéressé. N'auroit-il pas été plus naturel de lui faire voir les objets qui sont autour de lui, avant que de faire entreprendre à son coup-d'œil le voyage de l'univers? Maintenant il paroît avoir reçu toutes les *affections*, tous les *sentimens*, toutes les *sensations*, tous les *coups* que la nature pouvoit lui faire éprouver; *ses affections sont durables, elles lui procurent un plaisir précieux, il s'a-*

bandonne à tout ce qui l'augmente; il cherche des couleurs, des traits ineffaçables pour donner un corps à un fantôme, même de son imagination; mais oubliant tout-à-coup qu'il a *parcouru l'univers*, & que toute *la nature l'a frappé, pénétré, ému, intéressé*; il se remet en route pour aller *percer les abimes*. C'est là sans doute qu'il trouve les couleurs & les traits qu'il cherchoit tout à l'heure; car à peine a-t-il percé les abimes qu'on le voit *vivifier la matière, colorer la pensée; se transformer dans les personnages qu'il fait agir, & dans la chaleur de son enthousiasme en prendre tous les caractères.*

Vous croiriez peut-être que c'est la vivacité des pensées de l'orateur qui a produit toutes ces belles choses, qui a allumé son enthousiasme, conduit ses pinceaux, formé des traits ineffaçables; vous croyez peut-être que tout cela n'a pu se faire sans une grande facilité à combiner les idées: vous vous trompez; c'est seulement après tous ces prodiges que *l'orateur est entraîné par la fougue de ses pensées, & qu'il se livre tout entier à la facilité de les combiner*; c'est seulement après avoir produit tant d'effets merveilleux *qu'il est forcé de produire*. Cependant au lieu de produire, il entreprend un nouveau voyage & *s'élance d'un vol rapide vers une vérité lumineuse,* qu'il n'avoit trouvée ni dans son premier voyage de l'univers, ni dans les abimes qu'il avoit percés. Élancé vers cette *vérité lumineuse*, il se trouve tout d'un coup au *sein des ténèbres & en tire un principe fécond ; puis il mesure par l'activité de sa pensée un espace immense qu'il a devant lui*, (on ne sait trop comment) *& partant comme l'éclair d'un point,* (qu'on ne conçoit point) il fait enfin un dernier voyage & *touche déjà à son but,* (qu'on a bien de la peine à deviner).

Quel galimathias ! quel amas confus d'idées incohérentes & extravagantes ! Voilà ce qui arrive toujours quand on se bat les flancs pour avoir de l'esprit malgré la nature ; & que, quittant la route du bon sens, on prend pour l'enthousiasme du génie, les rêves monstrueux d'une imagination déréglée. Ce morceau est d'autant plus ridicule, qu'il y a une certaine affectation de style, un certain air de prétention qui contraste plaisamment avec le cahos des pensées. Ce sont *des couleurs, des traits, des fantômes qui ont un corps & qui tranſportent l'imagination, l'univers parcouru, des abimes percés, une matière vivifiée, des penſées colorées, une fougue de penſées, de la chaleur, des éclairs, de l'enthouſiaſme;* on y trouve de tout excepté du bon ſens.

Continuons & nous verrons l'auteur s'éloigner toujours de plus en plus du ſentier de la raiſon. Dès que la liaiſon eſt rompue, dès qu'on s'eſt jetté dans un écart, on erre de tout côté pour retrouver le fil de ſes idées, & on ne ſait plus ce qu'on dit.

C'eſt par là, dit notre profeſſeur, *que l'orateur comme le poëte, ſoumet les eſprits & les cœurs, qu'il renverſe tout ce qui lui réſiſte. C'eſt ainſi qu'il étonne, frappe, ravit, enchante, c'eſt par ces qualités réunies qu'il éclaire ſon ſiècle, qu'il honore ſa nation, qu'il devient le modéle de la poſtérité.*

Pour bien ſentir le ridicule de la liaiſon de ces deux morceaux, rapprochons-les, & voyons ce que dit l'auteur. " *Un orateur & un poëte ſoumettent les eſprits & les cœurs quand ils ſont frappés de tout, quand ils ſont entraînés par la fougue de leurs penſées, & qu'ils partent comme un éclair;* ils peuvent *étonner, frapper, ravir, enchanter* lorſ-

qu'ils cherchent des couleurs, qu'ils percent des abimes, qu'ils tirent un principe du milieu des ténèbres, & qu'ils mesurent par leur pensée l'espace immense qu'ils ont devant eux. Il faut avouer qu'il n'y a pourtant dans tout cela rien de ravissant ni d'enchanteur. Dans tout ce que M. B. fait faire à l'orateur & au poète, il semble qu'ils se préparent plutôt à produire qu'ils ne produisent en effet. Il est vrai qu'ils ont *vivifié la matière & coloré la pensée*, mais tout cela est arrivé sans avoir produit, & même sans être disposé à le faire; car ce n'est que trois lignes plus bas qu'ils se trouvent enfin *forcés de produire;* & cependant au lieu de céder à cette violence & de produire enfin quelque chose, ils *s'élancent aussitôt dans le pays des idées lumineuses qui sont dans le sein des ténèbres;* puis après s'être ainsi élancés & être arrivés, *ils partent encore* comme si de rien n'étoit. Et tous ces *voyages dans l'univers & dans les ténèbres*, tous *ces élancemens*, tous *ces vols*, toute *cette fougue*, tous *ces départs*, ce sont des *qualités* par lesquelles on *éclaire son siècle*, on *honore sa nation*, & on *devient le modèle de la postérité!*

Aucun morceau ne pouvoit être plus propre à faire sentir dans quels écarts on peut tomber lorsqu'on écrit sans penser; lorsqu'on accumule des accessoires sans examiner s'ils conviennent ou non à l'idée qu'on veut développer; sans rechercher la liaison qui les unit entre eux & avec l'idée principale; lorsqu'on prend des mots & des sons pour des pensées.

SIXIÈME EXERCICE.

Dans les ouvrages d'agrément, les accessoires font plus difficiles à trouver que dans ceux de raisonnement. Dans ceux-ci, il ne faut que développer & filer les idées; dans les premiers, il faut peindre. Les ouvrages de raisonnement ne demandent que de la clarté & de l'enchaînement; ceux d'agrément exigent du coloris & des grâces, ce font des tableaux. Tout homme de bon sens, s'il met de l'ordre dans ses idées, & qu'il sache sa langue, peut faire un bon ouvrage de raisonnement; mais celui qui sait donner à un ouvrage de goût toutes les grâces dont il est susceptible, est un artiste, qui doit à la nature la plus grande partie de son talent. Examinons la manière dont les idées principales font ornées dans quelques-uns de nos chef-d'œuvres. Il n'est point d'ouvrage qui puisse nous fournir de meilleurs modèles en ce genre que le Télémaque de l'immortel Fénélon.

Le

Le premier livre commence par la peinture de Calypſo plongée dans la triſteſſe depuis le départ d'Ulyſſe.

IDÉE PRINCIPALE.

Calypſo ne pouvoit ſe conſoler du départ d'Ulyſſe.

Où l'auteur prendra-t-il des couleurs pour rendre la triſteſſe de Calypſo plus ſenſible, pour la peindre avec les grâces de la belle nature? Calypſo eſt triſte & inconſolable, & cependant elle poſſède pluſieurs avantages qui paroiſſent devoir faire ſon bonheur. Elle eſt immortelle; mille Nymphes s'empreſſent à chaque inſtant autour d'elle; ſon iſle eſt un ſéjour délicieux, embelli par un printems éternel. Une grotte champêtre, ornée de tous les dons de la nature, lui offre une retraite charmante.

Mais à quoi ſert l'immortalité quand on eſt plongée dans la douleur? à faire naître le déſeſpoir. L'eſpérance de la mort adoucit du moins les maux de ceux qui ſouffrent: les immortels ſont privés de cette eſpérance.

Les Nymphes qui servent Calypso ne pourront la consoler ni la distraire; elles la voient triste & abbatue, elles seront tristes aussi, elles n'osent lui parler.

Les beaux lieux qu'elle habite ne pourront modérer sa douleur; ils lui rappellent le souvenir d'Ulysse.

La douleur de Calypso semble se répandre sur tous les objets qui sont autour d'elle; elle est triste & dans sa grotte & hors de sa grotte.

Sa grotte ne résonne plus, comme autrefois du doux chant de sa voix. Si elle sort de sa grotte, c'est pour se promener seule livrée à sa douleur. Ulysse est parti, il s'est embarqué; elle a vu le vaisseau qui l'emportoit, s'éloigner de son isle & fendre les ondes. Sa mélancolie la ramènera souvent vers ce rivage fatal : elle jettera ses regards sur la vaste étendue des mers, du côté où le vaisseau d'Ulysse a disparu à ses yeux; là, son attendrissement redouble, des larmes coulent de ses yeux.

Quel ordre donnera-t-on à ces accessoires ? Le plus naturel, & celui qui conviendra le mieux au but de l'auteur. Le plus grand avantage que possède Calypso, c'est l'immortalité. L'accessoire relatif à cette idée paroîtra le premier. Elle est triste dans sa grotte & hors de sa grotte; mais sa grotte est son habitation; c'est là qu'elle est le plus souvent; c'est là sur-tout que ses Nymphes sont rassemblées autour d'elle. On la représentera donc d'abord dans sa grotte. Ensuite elle paroîtra se promenant seule dans son isle. Ira-t-elle d'abord vers le rivage? Non, on la verra errer auparavant seule sur les gazons fleuris; mais lorsqu'elle sera arrivée vers le rivage, elle y restera immobile, tournée du côté où le vaisseau d'Ulysse a disparu à ses yeux.

Ce dernier accessoire est placé convenablement au but de l'auteur. Il veut faire arriver Télémaque, fils d'Ulysse, dans l'isle de Calypso; il l'a amenée naturellement au bord de la mer, du côté où le fils d'Ulysse fait naufrage, & elle le voit aborder dans son isle. De cette manière la tristesse de Calypso se lie à l'arrivée de Télémaque : on passe d'une idée à l'autre naturellement, doucement, & par des nuances qui se fondent agréablement les unes dans les autres. Voici le morceau :

„ Calypso ne pouvoit se consoler du départ
„ d'Ulysse. Dans sa douleur elle se trouvoit mal-
„ heureuse d'être immortelle (a). Sa grotte ne
„ résonnoit plus du doux chant de sa voix. Les
„ Nymphes qui la servoient, n'osoient lui parler.
„ Elle se promenoit souvent seule sur les gazons
„ fleuris, dont un printems éternel bordoit son
„ isle. Mais ces beaux lieux, loin de modérer sa
„ douleur, ne faisoient que lui rappeller le triste
„ souvenir d'Ulysse, qu'elle y avoit vu tant de

(a) Il faut remarquer ici que l'auteur ne s'arrête point à développer comment l'immortalité étoit devenue à charge à Calypso ; il indique cet accessoire d'un seul trait, & passe rapidement à d'autres. Il veut peindre la situation de Calypso de manière à la lier avec l'arrivée de Télémaque : sa peinture doit être vive & rapide. Il n'en seroit pas de même s'il faisoit parler Calypso elle-même. Les malheureux aiment à exagérer la douleur qu'ils éprouvent ; leur sensibilité en augmente toutes les circonstances ; Calypso auroit accusé les Destins ; elle auroit désiré le sort des mortels qui voient une fin à leurs maux ; elle auroit peint la mort d'une manière conforme à son désespoir.

„ fois auprès d'elle (*b*). Souvent elle demeuroit
„ immobile fur le rivage de la mer, qu'elle arro-
„ foit de fes larmes, & elle étoit fans ceffe tour-
„ née vers le côté où le vaiffeau d'Ulyffe, fendant
„ les ondes, avoit difparu à fes yeux. Tout-à-coup
„ elle apperçoit les débris d'un navire qui venoit
„ de faire naufrage (*c*), des bancs de rameurs

(*b*) *Souvent* . . . C'eft à deffein que l'auteur la re-
préfente *souvent* immobile fur le rivage. Sa douleur rend
cette fituation naturelle ; elle donne un plus grand
degré de vraifemblance aux circonftances de l'arrivée
de Télémaque. Si Calypfo n'alloit que quelquefois fur
ce rivage, fi elle n'aimoit pas à y aller *souvent*, à s'y arrêter *souvent*, à y demeurer *souvent* immobile, ce feroit
un hazard qu'elle y eût été précifément au moment du
naufrage de Télémaque.

(*c*) *Tout à coup elle apperçoit &c.* Voici une nouvelle
idée principale, qui va devenir plus fenfible par des
acceffoires. On voit çà & là *des bancs de rameurs en
pièces, des rames écartées fur le fable ; un gouvernail, un
mât, des cordages flottant fur la côte.* Tous ces acceffoires
rendent le naufrage plus fenfible, ils font image. Le
tableau n'eft qu'efquiffé; il s'agit de faire arriver Télémaque. C'eft le but de l'auteur ; il y court rapidement,
s'arrêter fur la route qui y conduit ; ce feroit s'en
écarter. En vain l'art fémeroit des fleurs fur les fentiers

„ mis en pièces, des rames écartées çà & là sur
„ le fable, un gouvernail, un mât, des cordages
„ flottant fur la côte. Puis elle découvrit de loin
„ deux hommes, dont l'un paroiffoit âgé; l'autre,
„ quoique jeune, reffembloit à Ulyffe (*d*). Il
„ avoit fa douceur & fa fierté, avec fa taille &
„ fa démarche majeftueufe. La déeffe comprit que
„ c'étoit Télémaque, fils de ce héros. Mais quoi-

détournés que l'on voudroit prendre ; ces ornemens feroient condamnés par le bon goût. Il exige que le poëme commence le plutôt qu'il eft poffible; c'eft-à-dire que les principaux acteurs foient connus dès le commencement. En effet ils le font dans Télémaque. Dès la première page on connoit Calypfo, Ulyffe, Télémaque, Mentor, les Nymphes de Calypfo, on a une idée de l'ifle charmante où règne la Déeffe.

(*d*) En quoi reffembloit-il à Ulyffe? Ce n'eft point ici cet Ulyffe tel que le peignent fes ennemis & les Grecs eux-mêmes fes alliés ; ce n'eft point le rufé, l'artificieux Ulyffe; c'eft Ulyffe peint par une amante dont le cœur eft encore plein de l'image qui l'a féduite. Les traits qui vont le caractérifer feront conformes aux fentimens d'un cœur amoureux; elle voit le fils d'Ulyffe tel qu'elle a vu fon père, avec une phyfionomie mêlée de douceur & de fierté; elle le voit avec cette taille & cette démarche majeftueufe qui l'a charmée.

„ que les dieux furpaffent de loin en connoiffance
„ tous les hommes, elle ne put découvrir qui
„ étoit cet homme vénérable dont Télémaque
„ étoit accompagné. C'eft que les dieux fupérieurs
„ cachent aux inférieurs tout ce qu'il leur plaît;
„ & Minerve qui accompagnoit Télémaque fous
„ la figure de Mentor, ne vouloit pas être connue
„ de Calypfo. "

Pour mieux fentir les beautés qui naiffent du choix de ces acceffoires mettons-en d'autres à leur place, ou changeons feulement l'ordre dans lequel ils font placés; nous verrons difparoître auffitôt la clarté, la beauté, l'élégance, l'intérêt; & l'efprit fautera défagréablement d'idées en idées. Tel feroit, par exemple, le morceau fuivant:

„ Calypfo ne pouvoit fe confoler du départ d'Ulyffe. Elle paffoit les jours & les nuits dans la trifteffe. Souvent elle fe promenoit feule dans les prés fleuris qui embelliffoient fon ifle; mais fa trifteffe l'empêchoit de jouir des beautés de la nature. Quelquefois elle demeuroit immobile fur le rivage de la mer. Seule dans fa grotte, elle ne s'entretenoit plus avec fes Nymphes,

& celles-ci n'ofoient lui parler. Que je fuis malheureufe, difoit-elle quelquefois, que je fuis malheureufe d'être immortelle ! Les dieux en m'accordant l'immortalité, ce préfent envié des mortels infenfés, ont rendu mon malheur fans remède; la mort, affreufe pour les humains, feroit pour moi le plus doux des biens; elle finiroit tous mes maux. Un jour Calypfo vit approcher deux hommes, dont l'un paroiffoit âgé; l'autre, quoique jeune, reffembloit à Ulyffe...

Il n'y a plus de liaifon entre les idées; elles ne font plus filées. Pourquoi Calypfo déplore-t-elle fon malheur? à quoi cela conduit-il? A rien. Quand on a fini de lire ces plaintes, & qu'on commence la phrafe fuivante: *Un jour Calypfo vit approcher deux hommes;* il femble que l'on commence un nouvel ouvrage, & tout ce qui a été dit auparavant eft pour ainfi dire oublié, parce qu'on n'en fent pas la liaifon avec ce qu'on lit alors. Comment ces hommes font-ils venus dans cette ifle? Sont-ils tombés des nues? Il n'y a rien qui ait pu engager l'auteur à laiffer ici l'efprit du lecteur en fufpens.

Dans Télémaque, la douleur de Calypſo la conduit naturellement ſur le rivage, vers ces lieux où elle a vu diſparoître le vaiſſeau d'Ulyſſe. Là, le naufrage & l'arrivée de Télémaque ſe lie avec la ſituation de la déeſſe, & on paſſe agréablement de l'une à l'autre.

La deſcription de ˋ. grotte de Calypſo eſt encore un de ces tableaux charmans dont tous les détails annoncent un grand maître. L'iſle de Calypſo eſt un ſéjour champêtre; ſa grotte en conſervera le caractère; elle aura une apparence de ſimplicité ruſtique, mais en même tems, elle offrira tout ce qui peut charmer les yeux. Il n'y aura donc ni or, ni argent, ni marbre, ni colonnes, ni tableaux, ni ſtatues; mais elle ſera taillée dans le roc, tapiſſée d'une jeune vigne, & les zéphirs y entretiendront une fraîcheur délicieuſe.

Deux choſes peuvent encore contribuer à la beauté de cette grotte: les commodités & les agrémens qu'elle offre dans les environs; & la vue ſuperbe & variée dont on peut jouir quand on s'y repoſe. Le poète va donc peindre ces deux parties.

Autour de la grotte, on trouvera des bains délicieux; des tapis de fleurs qui charmeront la vue & l'odorat; des bois d'orangers qui offriront en même tems des fruits excellens, des fleurs continuelles qui répandront le plus doux parfum, & un ombrage impénétrable aux rayons du soleil. Le chant des oiseaux & le bruit d'un ruisseau acheveront le tableau des environs de la grotte.

Quant à la vue; le poëte commencera par placer la grotte dans un endroit d'où l'on puisse découvrir toutes les beautés que son génie va peindre. Elle sera située sur le penchant d'une colline. C'est dans une isle que cette grotte est située: on découvrira donc la mer, & toutes les scènes variées qu'offre sans cesse le jeu mobile de ses eaux. D'un autre côté, une rivière présentera un spectacle d'un autre genre. Des montagnes de formes diverses offrent deux coups d'œils différens. Les unes dans le lointain, forment des figures bizarres qui se perdent dans les nues; les autres voisines de la cabane, réjouissent la vue par le spectacle des biens dont elles sont couvertes. Quand le poëte a ainsi distribué ses masses d'une manière naturelle, il développe chacune de ces parties; & les idées les plus convenables viennent d'elles-mêmes se réunir à celles avec lesquelles elles ont le plus de rapport. Voici le morceau:

„ On arrive à la porte de la grotte de Ca-
„ lypso, où Télémaque fut surpris de voir, avec
„ une apparence de simplicité rustique, tout ce
„ qui peut charmer les yeux. Il est vrai qu'on
„ n'y voyoit ni or, ni argent, ni marbre, ni co-
„ lonnes, ni tableaux, ni statues; mais cette
„ grotte étoit taillée dans le roc, en voûtes plei-
„ nes de rocailles & de coquilles. Elle étoit ta-
„ pissée d'une jeune vigne qui étendoit également
„ ses branches souples de tous côtés (e). Les
„ doux zéphirs conservoient en ce lieu, malgré
„ les ardeurs du soleil, une délicieuse fraîcheur.
„ Des fontaines, coulant avec un doux murmure
„ sur des prés semés d'amaranthes & de violettes

(e) Comme l'imagination du poète s'est représenté agréablement cette vigne! Comme les accessoires qu'il emploie pour la peindre sont vrais & grâcieux! Il l'a vue *tapissant* tout l'intérieur de la grotte; il a vu ses branches *souples* s'étendre *également* de tous côtés.

„ formoient en divers lieux des bains auſſi purs
„ que le criſtal. Mille fleurs naiſſantes émail-
„ loient les tapis verds dont la grotte étoit envi-
„ ronnée. Là, on trouvoit un bois de ces arbres
„ touffus, qui portent des pommes d'or, & dont la
„ fleur, qui ſe renouvelle dans toutes les ſaiſons,
„ repand le plus doux de tous les parfums (ƒ).
„ Ce bois ſembloit couronner les belles prai-
„ ries (g), & formoit une nuit que les rayons du

(ƒ) En peu de mots l'auteur réunit ici tout ce qui fait de l'oranger un arbre charmant & précieux; la beauté & la bonté des fruits, le parfum des fleurs qui l'ornent en même tems dans toutes les ſaiſons, l'ombrage frais & délicieux formé par ſon feuillage épais.

(g) Après avoir peint tous les charmes du bois d'orangers en lui-même, le poète en rapproche l'image des belles prairies qu'il vient de peindre; & grouppant agréablement ces deux objets, il en réſulte un nouveau charme, qu'ils ſe prêtent mutuellement. Il eſt agréable après s'être repréſenté ce beau bois d'orangers, de le voir couronner les prairies émaillées de fleurs; & ces prairies elles-mêmes offrent encore un ſpectacle plus raviſſant, lorſqu'on voit le bois d'orangers élever au milieu d'elles ſes touffes épaiſſes ornées de fleurs & de fruits.

„ soleil ne pouvoient percer. Là, on n'entendoit
„ jamais que le chant des oifeaux, ou le bruit
„ d'un ruiffeau, qui, fe précipitant du haut d'un
„ rocher, tomboit à gros bouillons pleins d'écu-
„ me, & s'enfuyoit au travers de la prairie. „

" La grotte de la déeffe étoit fur le penchant
„ d'une colline. De là, on découvroit la mer
„ quelquefois claire & unie comme une glace,
„ quelquefois follement irritée contre les rochers,
„ où elle fe brifoit en gémiffant, & élévant fes
„ vagues comme des montagnes. D'un autre côté,
„ on voyoit une rivière, où fe formoient des ifles
„ bordées de tilleuls fleuris, & de hauts peupliers
„ qui portoient leurs têtes fuperbes jufque dans
„ les nues. Les divers canaux qui formoient les
„ ifles, fembloient fe jouer dans la campagne. Les
„ uns rouloient leurs eaux claires avec rapidité;
„ d'autres avoient une eau paifible & dormante;
„ d'autres, par de longs détours, revenoient fur
„ leurs pas, comme pour remonter vers leur
„ fource; & fembloient ne pouvoir quitter ces
„ bords enchantés. On appercevoit de loin des
„ collines & des montagnes, qui fe perdoient

« dans les nues, & dont la figure bizarre formoit
« un horison à souhait pour le plaisir des yeux.
« Les montagnes voisines étoient couvertes de
« pampres verds, qui pendoient en festons. Le
« raisin plus éclatant que la pourpre ne pouvoit
« se cacher sous les feuilles, & la vigne étoit ac-
« cablée sous son fruit. Le figuier, l'olivier, le
« grénadier & tous les autres arbres couvroient la
« campagne, & en faisoient un grand jardin.

Finissons cet exercice par la description la plus belle peut-être & la plus déplacée de notre théâtre. Je veux dire celle de la mort d'Hyppolite faite par Théramène son gouverneur.

IDÉES PRINCIPALES.

Nous sortions tristement de Trézène; lorsqu'un monstre vomi par les flots s'avance vers le char d'Hyppolite. Le héros lui lance un dard & le blesse; l'animal furieux vient tomber en mugissant aux pieds des chevaux. Ils s'effraient, ils emportent le char à travers les rochers; le char se brise; Hyppolite tombe embarrassé dans les rênes....

DESCRIPTION.

A peine nous fortions des portes de Trézène
Il étoit fur fon char. Ses gardes affligés
Imitoient fon filence, autour de lui rangés.
Il fuivoit tout penfif le chemin de Mycènes;
Sa main fur fes chevaux laiſſoit flotter les rênes. (*e*)
Ses fuperbes courfiers, qu'on voyoit autrefois
Pleins d'une ardeur fi noble obéir à fa voix,
L'œil morne maintenant, & la tête baiſſée,
Sembloient fe conformer à fa trifte penfée. (*f*)

(*e*) Les gardes n'ofent parler à Hyppolite. Ils refpectent fa triſteſſe. Nous avons vu les Nymphes de Calypfo avoir le même refpect pour fa douleur. L'auteur commence par grouper les principales figures du tableau. C'étoit en fortant de la ville, *Hyppolite étoit fur fon char; fes gardes étoient rangés triſtement autour de lui*. Enfuite il donne à la figure principale le caractère qui lui convient. *Hyppolite fuivoit, tout penfif, le chemin de Mycènes*, il oublioit même de diriger fes chevaux, & fa main laiſſoit flotter négligemment les rênes.

(*f*) L'air trifte & abbatu des chevaux d'Hyppolite concourt parfaitement bien à répandre un caractère général fur tous les objets du tableau. Après avoir vu Hyppolite trifte, & abbatu, laiſſant flotter négligemment les rênes fur fes chevaux; après avoir vu fes gardes rangés autour de lui & garder un morne

Un effroyable cri sorti du sein des flots
Des airs, en ce moment, a troublé le repos;
Et du sein de la terre une voix formidable
Répond en gémissant à ce cri redoutable. (k)
Jusqu'au fond de nos cœurs notre sang s'est glacé,
Des coursiers attentifs le crin s'est hérissé. (*l*)

Cepen-

silence; ce seroit quelque chose de désagréable de voir des chevaux lever fièrement la tête & traîner avec une noble ardeur le char de leur maître; cette partie du tableau romproit l'unité de sentiment qui doit régner dans l'expression. Il falloit ou supprimer entièrement cet accessoire, ou le rendre d'une manière conforme au sentiment général.

(k) C'est un prodige qui va s'opérer; c'est un monstre tel qu'on n'en vit jamais; un monstre envoyé exprès par Neptune contre Hyppolite. Il est naturel de préparer cet évènement par des signes extraordinaires. Le monstre va sortir du fond des flots; c'est aussi du fond des flots qu'un cri affreux va annoncer sa venue à la terre; & la terre effrayée répondra en gémissant à ce cri.

(*l*) Hyppolite alloit être abandonné des siens; seul il alloit se défendre contre le monstre. Le poète prépare cet abandon général par la terreur que les prodiges inspirent à tous ceux qui l'accompagnent. C'est un dieu lui-même qui par des prodiges effrayans glace leur sang dans le fond de leurs cœurs; c'est un dieu qui veut qu'Hyppolite soit exposé seul à la fureur du monf-

Cependant, sur le dos de la plaine liquide

S'élève à gros bouillons une montagne humide.

L'onde approche, se brise, & vomit à nos yeux

Parmi des flots d'écume un monstre furieux. (*m*)

Son front large est armé de cornes menaçantes.

Tout son corps est couvert d'écailles jaunissantes.

tre qui va paroître. Quand le monstre paroîtra; s'il est tel que les signes l'ont annoncé, on ne sera point étonné de voir les compagnons d'Hyppolite forcés, pour ainsi dire, par un pouvoir divin, à prendre la fuite.

La situation change; l'expression de quelques personnages va changer aussi. Hyppolite est trop occupé de sa douleur pour être effrayé de ce cri; il reste dans la même attitude; toujours plongé dans la rêverie. Mais l'effroi se peint sur ceux qui l'environnent; les coursiers deviennent attentifs; leurs crins se hérissent; ils commencent à être effrayés; ils sont conduits successivement à cet état de frayeur, où, sourds à la voix de leur maître ils emporteront son char à travers les rochers.

(*m*) La gradation des idées fait ici un effet admirable. Une montagne humide s'élève d'abord sur la plaine des mers; elle approche, se brise, & vomit le monstre. Voilà le monstre, il faut le peindre d'une manière qui lui convienne. C'est un dieu qui l'envoie, contre un héros accoutumé à vaincre des monstres. Ce ne sera donc point un monstre ordinaire; on rassemblera dans la peinture que l'on en fera, tout ce qui peut contribuer à le rendre affreux & épouvantable; il sera tel que l'ont annoncé les cris effroyables qui ont précédé sa venue.

Indomptable taureau, dragon impétueux,
Sa croupe se recourbe en replis tortueux.
Ses longs mugissemens font trembler le rivage.
Le ciel avec horreur voit ce monstre sauvage.
La terre s'en emeut, l'air en est infecté.
Le flot qui l'apporta recule épouvanté. (*n*)
Tout fuit, & sans s'armer d'un courage inutile
Dans le temple voisin chacun cherche un asyle.
Hyppolite lui seul, digne fils d'un héros,
Arrête ses coursiers, saisit ses javelots,
Pousse au monstre, &, d'un dard lancé d'une main sûre,
Il lui fait dans le flanc une large blessure.
De rage & de douleur le monstre bondissant
Vient aux pieds des chevaux tomber en mugissant,
Se roule, & leur présente une gueule enflammée,
Qui les couvre de feu, de sang & de fumée.

(*n*) Dès que le monstre paroît; le spectateur effrayé ne voit que lui, il n'apperçoit plus ni la terre ni les flots; il auroit été mal-adroit de peindre ici le flot qui a apporté le monstre reculant d'effroi. Mais à peine l'a-t-on considéré, qu'on détourne la vue plein de terreur & d'effroi; alors seulement on voit fuir le flot qui l'a apporté; & la frayeur dont on est préoccupé lui prête le sentiment d'épouvante que l'on éprouve soi-même.

La frayeur les emporte, &, sourds à cette fois,
Ils ne connoissent plus ni le frein ni la voix.
En efforts impuissans leur maître se consume.
Ils rougissent le mords d'une sanglante écume.
On dit qu'on a vu même, en ce désordre affreux,
Un Dieu qui d'aiguillons pressoit leur flanc poudreux,
A travers les rochers la peur les précipite,
L'essieu crie & se rompt. L'intrépide Hyppolite
Voit voler en éclats tout son char fracassé,
Dans les rênes lui-même il tombe embarassé (o) &c....

(o) On peut remarquer encore dans ces vers comme les idées sont placées dans la gradation de la nature. Les chevaux d'Hyppolite sont effrayés, il commence *par les arrêter; il prend ses javelots, il pousse au monstre, tire, le blesse.* Le monstre *bondit, tombe, se roule & présente une gueule enflammée.* Les chevaux sont emportés par la frayeur; on veut les retenir, ils sont *sourds, ils mordent leur frein, ils écument, ils se précipitent à travers les rochers.* L'essieu *crie & se rompt,* le char *se brise;* Hyppolite tombe &c....

SEPTIÈME EXERCICE.

Monsieur de Voltaire a dit au sujet de Pradon & de Racine: „ Quand il s'agit de faire
„ parler les passions, tous les hommes ont presque
„ les mêmes idées ; mais la façon de les exprimer
„ distingue l'homme d'esprit d'avec celui qui n'en
„ a point, l'homme de génie d'avec celui qui
„ n'a que de l'esprit, & le poète d'avec celui qui
„ veut l'être. „

Il est vrai que dans deux auteurs l'un bon & l'autre mauvais qui traitent le même sujet, le fond des idées, (c'est-à-dire les idées principales,) est à peu près le même; mais il y a de la différence dans le choix des accessoires, dans la manière de les concevoir & de les ordonner, même avant que de les exprimer; & c'est de ce choix & de cet ordre que dépendent sur-tout la beauté, la vérité, la clarté de l'expression. Quand on sait sa langue, on ne s'exprime mal que parce que l'on pense mal. M. de Voltaire rapporte à cette occasion la déclaration d'Hyppolite à Aricie telle qu'elle se trouve dans la Phèdre de Pradon & dans celle de Racine. Nous allons rapprocher ces deux morceaux; & nous tâcherons de montrer que si leur différence consiste dans l'expression; c'est en grande partie, parce que l'expression dépend de la manière de concevoir.

Idées principales.

„ Hyppolite vaincu par l'amour, est sans cesse occupé de l'image d'Aricie; il oublie la chasse, qui faisoit autrefois ses plus doux plaisirs."

C'est à Aricie qu'Hyppolite déclare cette passion. Ce jeune héros est connu par son aversion pour les femmes; Aricie doit penser qu'il est toujours insensible à la tendresse & qu'il brave les traits de l'Amour. Le premier soin de l'amant doit être de la désabuser; & les idées relatives à ce but paroîtront les premières. Ainsi un poète accoutumé comme Racine à puiser ses idées dans la nature pourra commencer ainsi:

Vous voyez devant vous un prince déplorable,
D'un téméraire orgueil exemple mémorable.

Moi qui, contre l'amour fièrement révolté,
Aux fers de ses captifs ai longtems insulté;
Qui, des foibles mortels déplorant les naufrages,
Pensois toujours du bord contempler les orages;
Asservi maintenant sous la commune loi,
Par quel trouble me vois-je emporté loin de moi? (a)
Un moment a vaincu mon audace imprudente,
Cette ame si superbe est enfin dépendante.

Lorsqu'Aricie est désabusée, la déclaration est préparée; il va la faire; il va peindre sa passion de manière que cette peinture sera liée avec ce qui précède. Cette passion sera assez forte pour prêter plus de vraisemblance à son changement. Il en a rougi lui-même; il est honteux, désepéré; il a fait des efforts pour arracher le trait dont son cœur est déchiré. Efforts inutiles; la passion l'emporte, l'image d'Aricie le suit par tout; & l'amour est vainqueur.

Depuis près de six mois, honteux, désespéré,
Portant par-tout le trait dont je suis déchiré,
Contre vous, contre moi, vainement je m'éprouve.
Présente je vous fuis, absente je vous trouve.

Dans le fond des forêts votre image me suit,
La lumière du jour, les ombres de la nuit,
Tout retrace à mes yeux les charmes que j'évite;
Tout vous livre à l'envi le rébelle Hyppolite.
Moi-même pour tout fruit de mes soins superflus
Maintenant je me cherche, & ne me trouve plus.

Aricie doit être attendrie par la peinture de l'amour d'Hyppolite; ce héros farouche, occupé sans cesse à poursuivre les bêtes féroces dans les forêts, ne doit plus lui paroître odieux; si elle n'a point conçu d'amour pour lui, elle doit du moins avoir de la pitié. Hyppolite osera alors parler de chasse, de coursiers, d'arcs, de chars, de javelots, à une princesse dont l'image lui a fait oublier toutes ces choses qui lui étoient si chères. Cependant craignant bientôt que l'idée de ces exercices sauvages, n'éloigne de lui le cœur de son amante, il semble se reprocher de les avoir nommés. Ces idées sont arrangées avec une adresse admirable, & dans l'ordre où la nature devoit les inspirer à un amant vraiment épris:

Mon arc, mes javelots, mon char, tout m'importune.

Je ne me souviens plus des leçons de Neptune.

Mes seuls gémissemens font retentir les bois,

Et mes coursiers oisifs ont oublié ma voix.

Peut-être le récit d'un amour si sauvage

Vous fait, en m'écoutant, rougir de votre ouvrage.

D'un cœur qui s'offre à vous quel farouche entretien !

Quel étrange captif pour un si beau lien ! &c . . .

Pradon au contraire fait commencer Hyppolite par où Racine le fait finir. Sans songer que la peinture sauvage de la chasse est peu propre à faire naître le sentiment de l'amour dans le cœur d'une jeune princesse ; c'est par là qu'il se plaît à commencer sa déclaration. Il semble s'arrêter avec complaisance sur les détails qui doivent prévenir contre lui ; il se peint d'abord *solitaire, farouche, chassant dans les foréts les lions & les ours;* & après avoir rappellé ces idées dans un assez grand détail, relativement à la longueur du morceau ; il ne dit que deux mots de son amour, & de la manière la plus froide & la moins passionnée. Il suffisoit d'avoir ainsi ordonné ses idées pour faire un morceau complétement ridicule. Voici comme Pradon s'exprime :

Assez & trop longtems, d'une bouche profane
Je méprisai l'amour & j'adorai Diane. (*a*)
Solitaire, farouche, on me voyoit toujours
Chasser dans nos forêts les lions & les ours.
Mais un soin plus pressant m'occupe & m'embarrasse :
Depuis que je vous vois, j'abandonne la chasse. (*b*)

(*a*) Hyppolite étoit connu par sa haine contre les femmes. Deux mots ne suffisoient pas, pour faire croire à Aricie qu'il étoit changé. Racine a senti qu'il falloit développer cette pensée.

(*b*) Si Pradon avoit réfléchi sur la situation d'un amant vivement épris qui trouve une occasion favorable de déclarer son amour ; s'il avoit pu se mettre lui-même un instant à la place d'Hyppolite ; il ne lui auroit jamais fait dire ces vers si froids & si ridicules. Ce n'est pas l'expression ici qui est mauvaise, c'est réellement la pensée. Dans la tête de Pradon l'amour d'Hyppolite n'étoit qu'un *certain soin inquiet & pressant qui l'occupoit & l'embarassoit ;* dans l'esprit de Racine, c'est une blessure profonde, faite dans le cœur de ce héros, c'est *un trait qui le déchire* & qu'il porte par tout ; c'est une image qui le poursuit sans cesse. En lisant ce vers :

Depuis que je vous vois j'abandonne la chasse.

On s'imagine entendre un petit-maître qui fait des efforts pour dire une jolie chose à une élégante.

Elle fit autrefois mes plaisirs les plus doux;
Et quand j'y vais, ce n'est que pour penser à vous.

Voici encore deux morceaux où l'on pourra voir que la différence entre un bon & un mauvais auteur, consiste souvent dans le choix & l'arrangement des accessoires. Dans la tragédie de Mariamne par Voltaire, lorsqu'Hérode apprend que Mariamne est morte, & qu'on a exécuté ses ordres cruels, sa raison semble d'abord s'égarer, puis, revenant à lui, il s'écrie;

Quoi, Mariamne est morte!
Ah! funeste raison, pourquoi m'éclaires-tu?
Jour triste, jour affreux, pourquoi m'es-tu rendu?
Lieux teints de ce beau sang que l'on vient de répandre,
Murs que j'ai relevés, palais, tombez en cendre;
Cachez sous les débris de vos superbes tours
La place où Mariamne a vu trancher ses jours.
Quoi! Mariamne est morte, & j'en suis l'homicide!
Punissez, déchirez ce monstre parricide;
Armez-vous contre moi, sujets qui la perdez,
Tonnez, écrasez-moi, cieux qui la possédez.

Un inftant auparavant Hérode avoit oublié que Mariamne étoit morte, fon efprit égaré la demandoit encore; tout-à-coup il revient à lui; il fent tout l'excès de fon malheur. Le fentiment le plus naturel alors; c'eft de détefter cette funefte raifon qui lui rappelle fon crime, fes remords, les charmes & l'innocence de Mariamne. Il dira:

Ah funefte raifon, pourquoi m'éclaires-tu ? &c.

Mais bientôt jettant les yeux autour de lui, il verra ce palais, ces murs où tant de fois il avoit vu Mariamne, ces murs où l'on vient d'ordonner fon fupplice, devant lefquels on vient de l'exécuter. Il croira les voir teints du fang de Mariamne; cette image funefte lui fera fouhaiter la deftruction de fon palais; il voudroit pouvoir cacher fous fes ruines la place où l'on a fait périr Mariamne, cette place qui lui reproche fans ceffe fon crime. Il tourne enfuite les yeux fur lui-même; il ne voit en lui que l'affaffin de Mariamne; il fait des imprécations contre lui-même. Tous ces acceffoires font vrais & pris dans la nature. C'eft ainfi que s'expriment le défefpoir & la douleur. C'eft contre les lieux qui étoient autour de lui, les lieux qui avoient quelque rapport avec Mariamne qu'il devoit faire des imprécations. Si Hérode, oubliant tout ce qui l'environne, alloit s'en prendre à l'univers entier de la perte de Mariamne; s'il faisoit des imprécations contre la terre & les cieux, s'il désiroit de voir confondre les élémens, enlever l'univers de ses fondemens, rompre le frein des mers, éteindre le soleil, brouiller tout l'univers, ramener le cahos; Hérode seroit un extravagant dont la douleur n'intéresseroit point. Le cœur pénétré de remords, l'ame déchirée de regrets, ne va point chercher si loin des idées; elle les prend en elle-même, ou dans les lieux qui ont un rapport direct avec sa douleur. Ce n'est pas l'univers, les élémens, le soleil, qui frappent d'abord un époux ingrat qui vient de faire périr injustement une épouse innocente; ce sont les endroits, où il l'a vue, où il a joui de sa présence, les endroits où il a ordonné son supplice, où ce supplice a été exécuté. Ce sont ces choses qui lui deviennent odieuses, qu'il voudroit voir anéanties. Voici comme Tristan fait parler Hérode dans sa tragédie de Mariamne. Il suffit de lire ce morceau pour en sentir le ridicule.

Quoi! Mariamne est morte? ô destins ennemis!
La Parque l'a ravie, & vous l'avez permis?
Vous avez donc souffert cette triste aventure
Sans imposer le deuil à toute la nature!
Quoi, son corps sans chaleur est donc enseveli,
Et l'univers n'est point encore démoli?
Vous avez donc rompu l'agréable harmonie,
Que vous aviez commise à son divin génie?
Vous avez donc fermé sa bouche & ses beaux yeux;
Et n'avez point détruit la structure des Cieux?
Cruels, dans cette perte à nulle autre seconde,
Vous deviez faire entrer celle de tout le monde;
Enlever l'univers hors de ses fondemens,
Et confondre les cieux avec les élémens;
Rompre le frein des mers, éteindre la lumière;
Et remettre ce tout en sa masse première.
Mariamne est en cendre, & l'ombre du tombeau
Conserve le débris d'un chef-d'œuvre si beau?
Laisse agir ta douleur, mets tes mains en usage,
Arrache tes cheveux, déchire ton visage;

Oblige tous les tiens à te faire périr,
Ou bien, meurs de regret de ne pouvoir mourir;
Ne te confole point, monarque miférable.

Quelle tirade extravagante! que d'images gigantefques accumulées fans goût! On ne voit point ici le perfonnage; c'eft le poëte qui paroît toujours. On fent qu'il n'étoit point pénétré de fon fujet, que fa tête feule lui fourniffoit des idées; mais que fon cœur étoit froid. S'il s'étoit mis à la place d'Hérode; s'il avoit fu monter fon ame à ce degré d'enthoufiafme, fi néceffaire pour peindre les grandes paffions; il n'auroit pas fongé à faire *démolir l'univers;* il n'auroit pas regretté dans Mariamne *l'agréable harmonie que les deftins avoient commife à fon divin génie;* cette idée alambiquée ne fauroit être l'effet d'une douleur fubite, & d'un défefpoir furieux. Quelle froide gradation dans cette décompofition de l'univers! Il falloit *faire périr tout le monde; enlever l'univers hors de fes fondemens, confondre les cieux avec les élémens; rompre le frein des mers, éteindre la lumière, & enfin remettre le tout en fa maffe première.* Comme tout cela est éloigné du sujet! Ne diroit-on pas que le poète brouille le cahos à peu près dans le même ordre dans lequel on l'avoit débrouillé? Dans les cinq derniers vers l'idée principale est assez naturelle. Hérode doit désirer d'être anéanti, son existence lui devient odieuse; mais les moyens sont trop petits & trop bas. *Mets tes mains en usage, arrache tes cheveux, déchire ton visage;* ces idées, & surtout la dernière, ont quelque chose de dégoûtant. Avec quelle noblesse au contraire, Hérode n'exprime-t-il pas son désespoir dans la tragédie de Voltaire:

Punissez, déchirez ce monstre parricide,

Armez-vous contre moi, sujets qui la perdez,

Tonnez, écrasez-moi, cieux qui la possédez.

Il voit ses sujets lui reprocher la mort de leur reine. Il sent qu'il mérite d'être l'objet de leur haine & de leur fureur. Les remords le déchirent; il voit la foudre se former dans les cieux, dans les cieux où l'ame innocente de Mariamne vient de s'envoler indignée. Odieux à lui-même il voudroit accélérer le supplice qui doit expier sa faute & le délivrer de ses remords; & tout cela est lié avec la situation de son cœur. Cette liaison manque absolument dans Tristan. Dans celui-ci c'est le désespoir d'un homme du peuple; dans Voltaire c'est le désespoir d'un Roi.

Ces exercices suffiront pour faire sentir aux jeunes gens la manière dont il faut chercher & ordonner ses idées. Nous aurons occasion de traiter cette matière plus en détail dans notre cours de littérature, & nous parlerons souvent des accessoires en cherchant les règles du style & de la grammaire.

FIN de la première Partie.

ANNONCES
ET
CRITIQUES.

ANNONCES ET CRITIQUES.

Sur la forme des Gouvernemens, & quelle en est la meilleure? Dissertation qui a été lue dans l'assemblée publique de l'Académie de Berlin, le 29 Janv. 1784, pour le jour anniversaire du Roi,

Par M. de Hertzberg, Ministre d'Etat & Membre de l'Académie.

TEL est le titre sous lequel M. de Hertzberg a réuni, dans une brochure de 48 pages *in-*8°, plusieurs choses qui doivent intéresser les bons Prussiens.

L'auteur avoue que M. de Montesquieu a jetté beaucoup de lumière sur la question de la meilleure forme des gouvernemens; mais il croit cependant qu'*elle pourroit être encore portée à des principes d'une évidence plus incontestable par un raisonnement suivi & fondé sur les abstractions qu'on peut faire de l'histoire & de l'expérience de tous les gouvernemens.* Suivons ces raisonnemens, & voyons comme M. de H. jette de nouvelles lumières sur une question éclaircie par l'immortel Montesquieu.

M. de H. définit les trois espèces de gouvernemens, c'est-à-dire *monarchique, despotique & républicain;* puis il entre en matière: " Il ne me
" feroit pas difficile, dit-il, de prouver par l'his-
" toire, que le gouvernement républicain, sur-
" tout l'Aristocratie, dégénère plus souvent en
" despotisme que la monarchie, & que ses épo-
" ques sont ordinairement les plus heureuses &
" les plus brillantes quand il se rapproche du
" gouvernement monarchique.

" La monarchie est, sans contredit par sa
" nature, la plus ancienne forme de gouverne-
" ment, & la première qui a uni les sociétés.
" . . . .

„ Une monarchie héréditaire tempérée par de
„ bonnes lois fondamentales, qu'on adopte au
„ local du pays & au caractère de la nation, eft à
„ mon avis, la forme du gouvernement la plus
„ propre à produire & à effectuer le bonheur des
„ hommes, des fociétés & des nations. Comme
„ le pouvoir y réfide dans la volonté d'un feul
„ fouverain héréditaire, il a pour lui la plus forte
„ préfomption, qu'il n'en fera ufage que pour le
„ bien de fon peuple, parce que fa gloire, fa
„ puiffance, fa tranquillité, & même fa conferva-
„ tion font inféparablement attachés au bonheur
„ de fes fujets. L'expérience la plus générale,
„ fur-tout dans notre fiècle.... convertit cette
„ préfomption en certitude morale.

Dans les républiques, au contraire, les volontés d'un grand nombre de citoyens ne fe réuniffent jamais pour le bien public; parce que, dit M. de H., chaque particulier ne pofsède qu'une portion médiocre de l'Etat; parce qu'il s'en trouve toujours qui veulent s'approprier la plus grande partie de l'autorité; c'eft-à-dire qui veulent gouverner eux-mêmes.

L'expérience de tous les tems fait voir aussi que les monarchies se conservent dans une longue suite de siècles, & presque toujours dans leur forme monarchique. Au lieu que les républiques n'ont qu'une durée beaucoup plus courte; & celles de nos jours ne se soutiennent que par leur situation, la jalousie de leurs voisins, ou d'autres causes étrangères.

Il paroît décidé à M. de H. par l'histoire & l'expérience, que les monarchies sont beaucoup plus propres à attaquer & à se défendre que les républiques, & que leur existence est plus assurée.

La monarchie peut aussi le disputer aux républiques du côté de l'administration civile. Un monarque a plus de moyens de donner l'activité à toutes les parties du gouvernement intérieur : il trouvera *son compte* à assurer à tous ses sujets la liberté & leurs propriétés, pendant que la vie, l'honneur & les propriétés sont bien moins en sûreté dans tous les Etats républicains.

Les défauts de la république en sont inséparables par la nature de l'homme; ceux de la monarchie n'y sont pas inhérens.

Ici, c'est-à-dire à la 11me page, M. de H. semble perdre de vue son sujet, pour prouver par dix pages, que le gouvernement de l'ancienne Germanie, aujourd'hui l'Allemagne, a toujours été monarchique; puis il examine la nature des corps intermédiaires qui doivent concourir sous les auspices du souverain à l'administration civile. Cette digression conduit M. de H. à faire l'éloge du patriotisme des Prussiens, & sur-tout celui des Poméraniens, ses compatriotes; & il en conclut, contre Montesquieu, que la vertu, ou le patriotisme, ne fait pas la *propriété caractéristique* des gouvernemens républicains; & que ce savant a embrouillé ses idées, & n'a avancé qu'un sophisme.

Le principe, selon M. de H., *est la cause mouvante, & en même tems le but des actions humaines;* & ce *principe* ou *cette cause mouvante*, ou si vous voulez ce but, est l'amour de soi-même. La vertu n'est donc, ni la cause, ni le but, ni le principe d'un gouvernement; elle n'en est que le moyen. On parvient plus sûrement à ce but, à ce principe, à cette cause mouvante dans les monarchies que dans les républiques. Ce principe consiste en trois choses: *la sûreté, la richesse & l'honneur*. On parvient plus sûrement à ces trois choses dans la monarchie, sur-tout à la sûreté & à l'honneur. Dans la république, on ne parvient presque jamais à la sûreté personnelle; on y parvient aux richesses & à l'honneur par les mêmes vertus que dans les monarchies; mais plus souvent par le vice. Les vices influent d'une manière si décisive dans la république, qu'ils l'emportent presque toujours sur le véritable nombre des vertus qui osent se montrer. Les républiques resteront toujours les mêmes par leur vice radical & inhérent; mais on peut espérer que les souverains seront toujours, ou du moins pour la plupart, bons & vertueux, à mesure que les siècles deviennent plus éclairés, & depuis qu'on donne aux princes une éducation si excellente, & qu'ils ont vu l'exemple d'un règne monarchique fort, bon & sage, recompensé par la gloire la plus générale & la mieux méritée, par l'amour du peuple, par l'admiration des nations, & par une fortune aussi soutenue que brillante. M. de H. veut parler ici du règne du roi de Prusse, & saisit cette occasion pour faire un détail des sommes que ce monarque a employées dans le cours de l'année précédente au bien de ses Etats. Ce détail intéressant remplit les 16 dernières pages de la Dissertation sur la meilleure forme des Gouvernemens. „

Nous croyons avec M. de H. que sur dix princes qui montent sur le trône, s'il s'en trouvoit toujours huit qui pensassent comme le roi de Prusse, la question de la meilleure forme de gouvernement seroit décidée. Mais si M. de H. veut bien parcourir tous les règnes que l'histoire ancienne & moderne nous offre dans les monarchies, pourra-t-il, dans cette foule immense, nous présenter plusieurs rois qui aient réuni tant de qualités propres au gouvernement; pourra-t-il en trouver un seul? Nous désirons bien avec M. de H. que les princes deviennent meilleurs & ressemblent tous à Frédéric; mais jusqu'ici nous n'avons pas vu la révolution étonnante qui s'est faite dans l'éducation des princes. Nous avons vu des Etats où l'on a chassé un grand homme qui apprenoit à penser à un prince, pour mettre à sa place un vil capucin; nous voyons tous les jours que l'éclat qui environne le trône éblouit un enfant, lui fait tourner la tête avant qu'il y soit monté; & rend inutiles toutes les instructions qu'on veut lui donner. Pour élever les enfans des souverains, pour les rendre vraiment dignes du trône, il faudroit les enlever dès leur naissance, & les transporter au milieu des hommes, afin de les former à l'école de l'expérience & du malheur. Que peuvent-ils apprendre au milieu des flatteurs gagés qui les environnent presque toujours? La philosophie qui éclaire les autres hommes, n'est souvent chez les monarques qu'un instrument dont ils savent se servir pour leurs intérêts.

Il me semble qu'en raisonnant sur les gouvernemens, on réalise ordinairement des abstractions. Les gouvernemens ne sont rien : ce sont les hommes qui font tout. Tout gouvernement est bon si les hommes sont bons; mauvais si les hommes sont méchans. Il n'y a donc point de gouvernement en lui-même qui soit préférable à l'autre. Si les hommes étoient bons, si l'opinion générale couvroit d'ignominie un prince qui feroit le mal; si cette opinion étoit assez forte pour le faire trembler sur le trône, il n'y auroit peut-être pas de gouvernement plus doux & plus heureux que le despotique. Le prince ne seroit au-dessus de la loi que pour en adoucir la rigueur. Il ne seroit maître de tout que pour faire plus de bien. Jamais Alexandre n'eût désolé la terre, si la Grèce n'eût pas eu la folie d'élever des autels aux avanturiers qui couroient le monde pour égorger des hommes.

La société me semble un amas informe d'usages, d'opinions & de lois de toutes espèces, que le hasard a entassés sans ordre. Aucune de ces parties ne porte sur un fondement solide; elles ne sont point appuyées solidement les unes sur les autres. Dès qu'on veut en toucher une, les autres s'ébranlent, & la masse menace ruine. Pour refaire un édifice solide & régulier, il faudroit commencer par les fondemens. Ce n'est pas les gouvernemens qu'il faut changer, ce sont les hommes; c'est leur manière de voir, de penser, de sentir; c'est l'opinion générale, les mœurs, les récompenses de la vertu, les punitions du vice. Nous nous abusons en croyant que l'homme soit essentiellement méchant. En pensant ainsi, nous outrageons la nature;

nous la confondons avec l'habitude. L'habitude du bien feroit bien plus forte que celle du mal.

Il nous femble encore que M. de H. juge Montefquieu avec un peu trop de rigueur. Les idées de ce grand homme ne font point embrouillées : rien n'eft plus clair que ce qu'il dit fur le principe des gouvernemens.

Le principe du gouvernement, dit M. de M., c'eft ce qui le fait agir. Dans le gouvernement monarchique, c'eft la force des lois qui fait agir; dans le defpotique, c'eft la force du defpote; dans le républicain, c'eft la vertu. Dans une monarchie où celui qui fait exécuter les lois fe juge au-deffus des lois, on a befoin de moins de vertu que dans un gouvernement populaire, où celui qui fait exécuter les lois, fent qu'il y eft foumis lui-même, & qu'il en portera le poids.

Rien n'eft plus clair. Et fi M. de H. trouve ces idées obfcures, cela prouveroit tout au plus qu'il ne les a pas bien comprifes. En effet M. de M. ne dit pas qu'il ne fe trouve point de vertu dans les monarchies; il dit feulement, qu'on n'a pas befoin de vertu politique dans les monarchies, parce qu'elles peuvent agir fans cela. Les actes de patriotifme des Pruffiens & des Poméraniens font fans doute admirables ; mais quand ils n'en auroient jamais fait, quand ils ne feroient pas difpofés à en faire, le gouvernement pruffien, c'eftà dire la loi, en feroit-elle moins active, & ces actes prouvent-ils que la vertu n'eft pas le principe des républiques?

Dans les monarchies, dit M. de M., fi le monarque ceffe de faire obferver la loi par négligence ou par mauvais confeil, il peut aifément réparer le mal; il n'a qu'à changer de confeil, ou fe corriger de cette négligence même. Mais lorfque dans un gouvernement populaire les lois ont ceffé d'être exécutées, comme cela ne peut venir que de la corruption de la république, l'Etat eft déjà perdu.

Ne nous arrêtons pas davantage fur le fond de la queftion; examinons maintenant le ftyle & la diction de ce mémoire.

L'extrait que j'en ai fait, a pu faire juger du plan. En général ce mémoire n'eft pas bien écrit; & l'on voit à chaque ligne que l'auteur ne poffède pas le françois. Nous nous contenterons d'examiner quelques-unes de ses expressions.

Sur la forme des Gouvernemens, & quelle en *est la meilleure ?* On voit dans ce titre le pronom relatif *en* mal employé. Ce pronom répond à *de*, sert à désigner une chose dont ont a déjà parlé, & fait le même effet que si on répétoit cette même chose. Ainsi ce pronom est mal employé toutes les fois qu'on ne sauroit le tourner par *de*. On dit bien : *cette affaire est délicate, le succès* en *est douteux ;* c'est-à-dire le succès *de* cette affaire. Mais on ne sauroit dire : *sur la forme des gouvernemens, & quelle* en *est la meilleure ?* parce que cette phrase reviendroit à celle-ci : *quelle est la meilleure de forme des gouvernemens ?* ce qui n'est pas françois. Il falloit mettre tout simplement, *& quelle est la meilleure ?*

(Page 2) *Je me flatte de n'être pas* désaprouvé qu'*après avoir produit ici ... mes idées ...* je présente........ *Etre désaprouvé que je présente* n'est pas françois.

Nous célébrons la révolution annale *d'un des meilleurs gouvernemens. Annal* est un terme de pratique qui fe dit d'un acte qui n'eft valable que pendant un an. Il falloit dire *annuelle*.

(Page 10) *J'en provoque aux guerres civiles de toutes les nations.* Montefquieu n'auroit pas trouvé beaucoup de clarté dans cette phrafe. *Provoquer* ne fignifie autre chofe qu'*inciter*, *exciter*, *pouffer* à faire quelque chofe. M. de H. n'a pas voulu dire probablement qu'il *provoque*, qu'il *excite* des guerres civiles chez toutes les nations. Je ne faurois deviner fon idée.

(Page 18) *C'eft de-là qu'*originent *les diettes de l'Allemagne, de la Hongrie, &c.* Voilà affurément la première fois que le verbe *originer* fe trouve imprimé. Il falloit dire: *c'eft de-là que les diettes d'Allemagne, &c. tirent leur origine.*

Tibère, Néron, Louis XI & Jean Bafilide n'ont pas fait tant de mal à leurs Etats que les guerres civiles des Triumvirs l'ont fait à Rome. *L'ont fait*, quoi ? Il n'y a point de mot dans la phrafe auquel on puiffe rapporter ce *le* ou ce *la*. Il falloit dire, *en ont fait*.

Ce petit échantillon fuffira pour montrer que les grandes idées de M. de H. ne font pas exprimées avec toute la pureté poſſible. Nous pourrions citer encore un grand nombre d'exemples de la même eſpèce, tels que : *la rançon* putative *des ames*, (page 17) *le chef* temporaire *de l'Empire*, (page 20) *&c. Putatif* ne ſe dit que de Joſeph, qui étoit le père *putatif* de Notre Seigneur Jéſus-Chriſt. *Temporaire* eſt un barbariſme. Malgré les petites fautes qui déparent cette diſſertation, je ne doute point qu'elle ne faſſe un très-bon effet dans le nouveau recueil des Mémoires de l'Académie de Berlin. Tout ce qui nous fait un peu de peine, c'eſt de voir que Monteſquieu y ſoit accuſé d'avoir embrouillé ſes idées, ſans qu'on ait pris la peine de débrouiller celles du ſyſtême *putatif* qu'on lui oppoſe. C'étoit un grand homme que Monteſquieu !

De l'économie (*) *des anciens Gouvernemens, comparée à celle des Gouvernemens modernes,* par M. PRÉVOST.

Mémoire de 66 pages.

S'IL n'entroit pas dans mon plan d'annoncer & de critiquer tous les ouvrages françois qui paroissent à Berlin, je n'aurois rien dit de celui-ci, dont l'utilité est extrêmement mince. Le but de l'auteur est de prouver que l'économie des anciens Gouvernemens étoit très-inférieure à celle des Gouvernemens modernes; ou plutôt que l'administration des finances chez les anciens le cède de beaucoup à celle des modernes.

(*) Au sujet de mes critiques, on a avancé dans une gazette censurée à Berlin, que je *vendois ma plume à des haines particulières*. Cette imposture a sans doute échappé à l'œil vigilant du censeur de cette feuille. Ceux qui me connoissent, savent que rien n'est si opposé à mon caractère, que de vendre ou de louer jamais ma plume à qui que ce soit.

En lifant le titre de ce mémoire, on s'imagine que M. Prévoſt va comparer ici réellement, dans toute ſon étendue, l'économie politique des Gouvernemens anciens avec celle des modernes. On ſe tromperoit : à la *page* 5, l'auteur nous apprend comment nous devons reſtreindre le ſens de ſon titre.

" Un auteur moderne, dit-il, a réduit à trois
„ principes les ſciences de l'économie politique :
„ ſuivre la volonté générale; exciter la vertu pu-
„ blique, & pourvoir aux beſoins de l'Etat. Sur
„ les deux premiers points, je ne ferai qu'une
„ obſervation, qui terminera ce mémoire. C'eſt
„ du troiſième que je vais m'occuper, non dans
„ toute ſon étendue, mais en me bornant aux
„ moyens immédiats par leſquels les Gouverne-
„ mens pourvoient aux beſoins, tant ordinaires
„ qu'extraordinaires, qu'exige une adminiſtration
„ conſtante & vigoureuſe; c'eſt-à-dire à l'ordre
„ & aux reſſources en uſage pour le maintien du
„ tréſor public."

L'auteur nous indique par-là que le titre de ſon mémoire a deux fois trop d'étendue, & qu'il auroit dû se borner, tout au plus, à nous annoncer un *mémoire sur l'administration des finances chez les anciens, comparée à l'administration des finances chez les modernes.*

Quoi qu'il en soit, le principal défaut de ce mémoire, c'est d'offrir des objets peu utiles. Car si l'administration des finances est plus parfaite chez nous que chez les anciens, la comparaison de ces deux administrations est assez indifférente, puisque nous ne saurions en retirer aucun profit. M. Prévost a senti lui-même ce défaut; il dit dans un avertissement qui est à la tête de l'ouvrage: *Que ses remarques sont susceptibles de développement; mais qu'il ignore si c'est la peine de se livrer à un travail plus étendu sur ce sujet.* On ne peut nier cependant qu'on ne trouve dans ce petit mémoire des recherches & des observations, qui font honneur à l'érudition de l'auteur. Mais examinons-le par rapport à la partie du style & de la pureté du langage, qui est notre objet principal. Prenons le commencement.

" L'admiration de quelques écrivains pour les
,, *constitutions anciennes*, m'a paru toujours fort

,, outrée : & les *erreurs* des Gouvernemens, bien
,, qu'inexcufables & funeftes, me femblent à quel-
,, ques égards, *préférables aux calamités* qu'en-
,, *traînoient* les vues bornées & l'inexpérience des
,, Etats de l'antiquité.

Conftitutions anciennes me paroît ici trop vague ; fur-tout au commencement de l'ouvrage, où l'auteur n'a pas encore établi fon fujet. Il y a tant de conftitutions! D'ailleurs *conftitutions* au plurier ne peut s'employer pour défigner l'état politique des Gouvernemens; il fignifie plutôt lois, ordonnances; & c'eft dans ce fens qu'on dit: *les conftitutions des Empereurs, les conftitutions impériales, canoniques, eccléfiaftiques*, &c. Mr. P. auroit donc mieux fait d'employer ce mot au fingulier, & de le déterminer par quelqu'adjectif, qui achevât d'en fixer l'acception. Ainfi il auroit peut-être mieux fait de dire : *L'admiration de quelques écrivains pour la conftitution politique des anciens Gouvernemens, &c*. Ou fi cette phrafe n'avoit pas rendu fon idée, & qu'il eût voulu parler en effet des lois & ordonnances des anciens Gouvernemens, il auroit été à propos de dire: *l'admi-*

ration de quelques écrivains pour les constitutions des anciens Gouvernemens. Car il y a une grande différence entre les *constitutions anciennes* & les *constitutions des anciens Gouvernemens*. Les premières, sont les constitutions qui ont précédé celles qui sont actuellement en vigueur; ce qui ne signifie point les constitutions des anciens. Ainsi les constitutions de Charlemagne, connues sous le nom de *capitulaires*, sont des *constitutions anciennes*, & non *des constitutions des anciens*, dans le sens que pourroit l'entendre M. Prévost.

Des erreurs inexcusables & funestes, préférables à des calamités.

Il paroît que Mr. P. n'a pas compris ici ce que signifie *préférable*.

Préférable signifie ce qui mérite d'être préféré.

Pour préférer une chose à une autre, il faut reconnoître dans les deux choses des bonnes qualités, & en trouver dans l'une de meilleures que dans l'autre. La préférence suppose donc l'excellence d'un objet sur un autre.

Or peut-on dire que des *erreurs inexcusables & funestes* ayent de bonnes qualités? Peut-on dire que des *calamités* en ayent aussi, & que l'une ou l'autre de ces choses soit préférable ?

Les vues bornées & l'inexpérience entraînoient des calamités. Entraîner, c'est traîner avec soi. Pour traîner quelque chose avec soi, il faut nécessairement faire un mouvement soi-même : ce qui n'agit point, *n'entraîne point.* Des vues bornées n'agissent point, l'*inexpérience* est un défaut d'expérience; ce ne sont point des actions; elles ne peuvent rien entraîner. *Les passions entraînent; les torrens entraînent; la guerre entraîne :* mais l'inaction, l'inexpérience, une vue bornée, n'entraînent rien. Continuons :

„ Il est impossible, *à la vérité, de comprendre*
„ *sous un même point de vue* tant de Gouverne-
„ mens anciens *distingués par leur étendue* & par
„ la diversité de leurs lois; mais on peut dire en
„ général, qu'à l'exception de Carthage, *dont*
„ *les vainqueurs ont effacé l'histoire*, & de l'an-
„ cien royaume de Perse confondu de bonne
„ heure avec l'empire des Mèdes, la plupart des
„ Etats étoient, du tems des Grecs, d'une force
„ & d'une étendue trop disproportionnée.

Nous avons vu qu'il ne faut pas trop louer *les constitutions anciennes*, & qu'à quelques égards, il faut *préférer les erreurs modernes aux calamités* anciennes. Voici maintenant un *à la vérité*, qui nous annonce un aveu de quelque difficulté, de quelqu'inconvénient relatif à ce qu'on vient de dire. Et quelle sera cette difficulté relative à la *préférence des erreurs modernes sur les calamités anciennes* ? C'est qu'*il est impossible de comprendre sous un même point de vue tant de Gouvernemens anciens, distingués par leur étendue.* On ne sauroit, *à la vérité*, appercevoir la liaison qu'il y a entre cette *impossibilité* & la période précédente; car pour juger que les *erreurs* des Gouvernemens modernes sont *préférables* aux calamités anciennes, il ne falloit point du tout qu'il fût possible de comprendre tous les Gouvernemens anciens sous un seul point de vue; il falloit au contraire les examiner chacun en particulier, & en tirer une conclusion générale. Il y a bien de la différence entre une conclusion générale formée d'après une quantité de conclusions particulières, & un *même point de vue sous lequel on comprend un objet*. Si l'on ne comprenoit tous les Etats que fous un même point de vue, on ne pourroit juger que du *point fous lequel on les auroit* confidérés; & ce ne feroit pas la manière de comparer leurs calamités avec nos erreurs, pour préférer les unes aux autres.

Des Gouvernemens diftingués par leur étendue.

Le mot *gouvernement* peut avoir ici trois fens différens. Il veut dire ou *la manière de gouverner*, ou *la conftitution d'un Etat*, ou enfin *ceux qui gouvernent.* Or dans aucun de ces fens, on ne fauroit dire, qu'un Gouvernement *a de l'étendue.*

Je ne crois pas que Mr. P. ait entendu ici par le mot *Gouvernement* une province foumife à un Gouverneur; car en ce fens, on peut dire qu'*un Gouvernement a de l'étendue.*

Les vainqueurs de Carthage ont effacé l'hiftoire de cette ville. Cela eft-il bien clair ? Si cela eft clair, cela eft-il bien vrai ?

L'auteur continue :

„ L'Afie & la partie orientale de l'Europe où
„ la *police* s'étoit fixée, n'offroient pas aux yeux
„ de l'obfervateur *cette divifion remarquable de*
„ *notre occident* entre des puiffances égales &

„ d'une grandeur limitée: on n'y voyoit, pour „ ainfi dire, que deux efpèces de Gouvernemens: „ le defpotique, le républicain.

Le mot *police* me paroît pris ici dans un fens que nous ne lui donnons pas. Ce terme eft reftreint en françois à un feul Etat, à une feule fociété, à une feule ville. On ne dit point *la police des États de l'Europe*, mais *la police de la France, de l'Angleterre, de Paris, de Londres, de Berlin*. Ainfi l'on ne dira pas non plus: *la police de l'Afie & de la partie orientale de l'Europe.*

L'Afie & la partie orientale de l'Europe n'offroient pas aux yeux *cette* divifion remarquable de *notre* occident. Affurément l'Afie ne pouvoit pas offrir aux yeux *cette divifion remarquable* de notre occident; mais elles auroient pu offrir une divifion femblable *à cette divifion* remarquable de notre occident. On diroit que par le pronom *cette*, l'auteur a voulu appuyer fur le défaut de cette phrafe, & dénaturer davantage le caractère de fon idée. L'analyfe de cette page fuffira pour nous donner une idée du ftyle de l'auteur. Relevons encore quelques fautes.

Voici une phrase bien extraordinaire, que l'on trouve *page* 12. On lit :

" Aristide frappé de la nécessité d'opposer de
„ puissans moyens aux irruptions des Mèdes, fut
„ un de ceux qui pressa le plus l'établissement de
„ ces subsides. *On fonda de leur produit un tréfor*
„ *à Délos, que la défiance envers Lacédémone fit*
„ *depuis transporter à Athènes.*

La plus légère connoissance des règles de la construction auroit fait sentir à l'auteur que cette phrase y est entièrement contraire.

Les parties essentielles ne sont pas aussi rapprochées qu'elles pourroient l'être; les mots ne sont pas placés à côté de ceux avec lesquels ils se lient naturellement; la plus grande liaison des idées n'est pas observée.

1°. *De leur produit*, interrompt la liaison qu'il y a entre le verbe *on fonda* & ses rapports essentiels, *un tréfor*, *à Délos*. D'ailleurs, *de leur produit* se lie si naturellement à la phrase précédente ! *Aristide fut un de ceux qui pressa le plus l'établissement de ces subsides. De leur produit on fonda....* Rien n'étoit si naturel; il ne falloit pas se mettre l'esprit à la torture pour trouver cela; il suffisoit d'avoir une légère teinture de sa langue.

2°. Le régime direct, *un trésor*, est modifié par une proposition, *que la défiance envers Lacédémone fit depuis transporter à Athènes*. Or les règles de la construction exigent que cette proposition qui modifie un mot soit rapprochée de ce mot autant qu'il est possible: c'est ce qu'on ne trouve pas ici; & il auroit fallu dire: *un trésor que la défiance envers Lacédémone fit depuis transporter à Athènes*.

3° *Depuis* est un adverbe de tems, qui ne devoit pas être placé entre *fit* & *transporter*; parce que ces deux verbes ne forment qu'une seule expression, & sont inséparables. On dit bien: *il a fait faire depuis une belle maison;* mais on ne dit pas: *il a fait depuis faire une belle maison*. Il en est de même de *faire transporter;* il faut dire: *il l'a fait transporter depuis;* & non, *il l'a fait depuis transporter*.

Enfin voilà notre petite phrase corrigée. Copions au net:

" Aristide frappé de la nécessité d'opposer de
" puissans moyens aux irruptions des Mèdes, fut
" un de ceux qui pressa le plus l'établissement de

„ ces subsides. *De leur produit on fonda à Délos*
„ *un trésor, que la défiance envers Lacédémone fit*
„ *transporter depuis à Athènes.*"

On trouve aussi dans ce mémoire: *la dixième,
la cinquantième, la trentième,* &c. au lieu de *le
dixième, le cinquantième, le trentième.* On y trouve, de la *testamentifaction*, des *argumens inéluctables* qui sont toujours *inapperçus* entre *des mains* adroites ; *des réflexions qu'il faut sonder*, pour dire, *des réflexions qu'il faut approfondir.*

A travers le style de l'auteur, on démêle cependant quelquefois des étincelles de philosophie, comme on voit briller une paillette d'or au milieu d'un monceau de sable. Mais il faut bien de l'attention pour les appercevoir ; qu'on en juge par le morceau suivant :

" Est-on assez convaincu de la nécessité de favo-
„ riser la communication des lumières ? L'amour-
„ propre ne persuade-t-il pas à *plusieurs*, que les
„ idées utiles ne germent point dans d'autres cer-
„ veaux ? *Pourroient-ils ainsi méconnoître* (*a*)

(*a*) Quel rapport la tournure de cette phrase a-t-elle avec la précédente ? Qui sont ces *plusieurs* ?

,, l'origine de ces lumières, dont ils fentent fi
,, bien le prix? Ignorent-ils qu'elles fe compofent
,, d'une multitude de clartés éparfes, trop foibles
,, pour être apperçues, que le tems feul peut dé-
,, couvrir; que la pareffe ou les contrariétés
,, étouffent dès leur naiffance, qui ne peuvent
,, s'unir & s'étendre qu'à force de foins & de fa-
,, veurs. *Il eft peut-être des moyens* d'abréger les
,, procès, de fimplifier la popriété, d'encourager la
,, population, de diminuer le nombre des crimes,
,, d'exciter le travail, de favorifer l'induftrie, d'ex-
,, tirper l'erreur & la fuperftition, (c) *que* n'ont
,, point apperçus d'habiles légiflateurs, & qui
,, naiffent & meurent fans fruit dans quelques
,, têtes auxquelles il ne manque que l'occafion
,, de les développer. Il femble donc qu'on devroit
,, porter fur des objets auffi importans, toutes les
,, vues & l'activité des citoyens & des gens de

(*b*) La conftruction de cette phrafe eft forcée; ce *que* eft trop éloigné des mots auxquels il a rapport: *Il eft peut-être des moyens.* Les propofitions qui modifient *moyens* font trop longues, & rompent la liaifon. Quand on eft parvenu à ce *que*, on fe demande à quoi il fe rapporte?

„ lettres, en excitant leur émulation par des prix
„ libres de toute entrave. (c) ....

„ Mais un exemple est plus frappant qu'une ré-
„ flexion générale. Il est constant que le nombre

(c) Je ne sais à qui M. Prévost veut faire ici des reproches, mais il me semble qu'il propose comme un projet nouveau, ce qui est pratiqué depuis quelque tems. On propose tous les jours des prix sur la législation. On en a proposé sur les peines criminelles, sur la mendicité, sur les erreurs, & les moyens de les extirper. Ces prix ont été libres de toutes entraves; ainsi on a fourni occasion de se développer aux *clartés* qui *pouvoient naître dans les têtes.*

Nous voyons encore dans ce pays, que le sage magistrat, qui travaille à composer un nouveau code, propose des prix à tous ceux qui pourront y trouver quelqu'erreur, ou quelque faute. Il est persuadé, ce sage magistrat, qu'un bon code ne sauroit être l'ouvrage de quelques gens de loi; mais qu'il doit être aussi celui des philosophes. Ainsi voilà encore une occasion pour *les têtes*, de développer les moyens, *d'abréger les procès, de simplifier la propriété, d'encourager la population* &c. Les vues philosophiques de M. Prévost se trouvent remplies; & nous croyons qu'il s'est trompé en mettant en question: *Si l'on est convaincu de la nécessité de favoriser la communication des lumières?* Il y a plusieurs États où l'on est convaincu de cette nécessité, & où on la favorise en effet.

„ des procès qui roulent sur les matières testamen-
„ taires, est très-considérable. Si l'on songe que
„ la *testamentifaction* a été longtems ignorée; (*d*)

(*d*) Est-il bien vrai que la *testamentifaction* ait été longtems ignorée ? M. Prévost ne se trompe-t-il point en assurant que l'habitude de tester est la suite d'un préjugé étranger ? De tout tems, l'homme a voulu disposer avant sa mort des biens qu'il avoit acquis ou reçus de ses parens. Ce droit est fondé sur le droit de propriété. Il y a apparence qu'il a été en usage, même avant l'établissement des lois civiles. Depuis les Hébreux jusqu'à nous, il seroit difficile de trouver un peuple où les testamens n'ayent point été en usage. Les Égyptiens faisoient des testamens : les Grecs empruntèrent d'eux cet usage, & le firent passer aux Romains ; d'où il s'introduisit chez toutes les nations modernes. Si le projet de M. Prévost étoit de travailler à détruire *l'habitude de tester, fondée sur un préjugé étranger*, je pense que la remarque qu'il fait ici, seroit du nombre de celles que les personnes éclairées lui conseilleroient de ne pas étendre. L'habitude de tester est fondée sur un préjugé bien plus enraciné encore que celui qui attache une *idée honorable au dernier acte de la volonté* : elle est fondée sur le préjugé de la *propriété*; préjugé que les jurisconsultes & les philosophes réunis ne détruiront pas facilement, préjugé qui ne peut être réellement détruit que par une révolution dont nous ne voyons pas les apparences.

,, que l'habitude de tefter eft la fuite de ce pré-
,, jugé étranger à toutes les opinions modernes
,, qui attachoit une idée honorable au dernier acte
,, de la volonté; enfin que ce même préjugé l'a
,, entouré des formes les plus bifarres & les plus
,, épineufes, ne fera-t-on point porté à défirer
,, que les jurifconfultes & les philofphes cherchent
,, en commun les moyens de prévenir des abus
,, fi préjudiciables? &c.

Dictionnaire

Dictionnaire catéchétique à l'usage de la jeunesse, où l'on explique les termes employés dans les matières de religion & de morale. Par M. CHIFFLARD, Pasteur de l'église françoise de Stettin.

UN Dictionnaire propre à donner aux jeunes gens une idée claire & déterminée des principaux termes de la religion, seroit assurément un ouvrage très-utile; mais cet ouvrage n'est pas aisé à faire. Il ne suffit pas, comme a fait M. Chifflard, de mutiler les définitions du dictionnaire de l'Académie françoise ou d'en donner d'autres de sa façon qui embrouillent les idées au lieu de les éclaircir; il falloit plutôt étendre les définitions de l'Académie, & les mettre à la portée de ceux pour qui on écrivoit.

D'ailleurs, il ne faut pas que le titre de dictionnaire effraie, c'est une petite brochure de 155 pages, où l'on ne trouve pas peut-être la millième partie des termes dont les pasteurs réformés se servent dans leurs instructions *catéchétiques* (a). Pour donner une idée de ce prétendu dictionnaire, nous allons en rapporter quelques articles qui feront juger du reste.

„ *Acte*, action, tout ce qu'on fait; un acte
„ d'humilité, de charité, de tempérance, c'est
„ une action faite par humilité, par charité, par
„ tempérance. „

„ *Action*, tout ce qu'on a fait, bonne action,
„ action méprisable. „

Selon Mr. le Lexicographe, il n'y a d'autre différence entre acte & action que du présent au passé. Un acte *est tout ce qu'on fait;* une action *tout ce qu'on a fait.* Ces définitions sont tout-à-fait plaisantes.

Si l'auteur avoit lu avec attention l'article *Acte* dans le dictionnaire de l'Académie, il auroit

---

(a) On ne trouve point le mot *catéchétique* dans les dictionnaires de la langue; il y a apparence que c'est une expression du style réfugié. Ce qu'il y a d'étonnant, c'est qu'on ne le trouve pas même dans le dictionnaire catéchétique.

vu que le mot „ *Acte* se dit particulièrement des mouvemens vertueux que l'ame produit au dedans d'elle-même, & principalement de ceux qui regardent la religion. *Acte de foi, acte de contrition, acte d'humilité.* „

„ *Fléchir*, émouvoir, toucher, attendrir,
„ soumettre; *fléchir sa volonté à celle de Dieu.* „

M. Chifflard confond ici deux acceptions dans lesquelles on prend le verbe fléchir ; il y a une grande différence entre le sens général qu'on attache aux mots émouvoir, toucher, attendrir & celui que l'usage donne au verbe soumettre. Dans le premier sens, fléchir se prend activement; & l'on dit fort bien *fléchir la dureté de quelqu'un, la cruauté d'un tyran;* pour dire *adoucir la dureté, la cruauté; fléchir ses juges,* pour dire *attendrir ses juges.*

Mais lorsque ce verbe signifie *ployer, courber, soumettre;* Il n'est guères d'usage à l'actif que dans ces phrases, *fléchir le genou, fléchir les genoux.* (V. Dict. de l'Acad. franç.) Ainsi l'exemple que donne Mr. le Lexicographe est une phrase qui n'est point françoise, car l'on ne dit point *fléchir sa volonté à celle de Dieu.*

„ *Illégitime,* qui eſt contre la loi ; *enſuite dé-* „ raiſonnable. „

On ne ſait trop ce que ſignifie cet *enſuite déraiſonnable.*

D'ailleurs *illégitime* n'eſt point du tout ce qui eſt contre la loi, mais ce qui n'a pas les conditions, les qualités requiſes par la loi pour être légitime, & il y a bien de la différence.

Il n'y a de bon dans ce petit catalogue de mots que les articles où M. Chifflard a copié mot-à-mot le dictionnaire de l'Académie françoiſe. Faire des dictionnaires de cette manière, c'eſt vouloir conſacrer par des règles & des exemples des fautes que l'ignorance & la mauvaiſe éducation pourroient quelquefois faire excuſer.

Oberon, poëme en quatorze chants de M. WIELAND. Traduction libre en vers.

CE poème héroï-comique de M. Wieland a eu le plus grand succès en Allemagne, & il le méritoit. Il est composé en octaves à l'imitation des poèmes italiens. Le traducteur ne trouvant pas apparemment assez de difficultés à rendre en vers françois un poème allemand où règne la plaisanterie; a cru devoir encore s'asservir à faire sa traduction en octaves, comme l'original. Il a voulu nous prouver, comme il le dit dans sa préface, *que si des hommes de génie vouloient essayer de faire quelques poèmes en octaves, la France en auroit bientôt de comparables à ceux de l'Arioste & du Tasse.* Si un mauvais ouvrage peut prouver la possibilité d'en faire un bon; j'avoue que le traducteur a atteint son but. Je fais cette critique avec assurance, parceque je n'ai pas lieu de croire que le traducteur la trouve trop sévère. Il étale une modestie rare dans un auteur, & surtout dans un poète; il sait si bien apprécier son ouvrage, en un mot il se rend justice avec tant de franchise que nous ne saurions mieux caractériser sa traduction que par les propres paroles de sa préface. Voici comme il s'exprime:

„ C'est un nouvel objet de gloire (les poèmes
„ en octaves) que je prends la liberté de proposer
„ à ceux qui voudront entreprendre de l'acquérir.
„ *L'oubli dans lequel tombera bientôt mon ouvrage,*
„ *leur laissera jusqu'à l'honneur de l'invention.* „

Et ailleurs:

„ Il est fâcheux pour cet écrivain (M. Wie-
„ land) qu'une plume plus habile que la mienne,
„ ne se soit pas chargée de traduire ce poème. Il
„ est généralement reconnu que tous les écrits
„ originaux perdent dans la traduction. Ce poè-
„ me est peut-être plus que tout autre dans ce
„ cas. L'esprit de la langue allemande si diffé-
„ rent de celui de la françoise, mon peu de ta-
„ lent, tout concouroit à faire de moi un traduc-
„ teur infidèle. Pour me mettre à l'abri de la
„ censure, il falloit non seulement rendre exacte-

„ ment les faits, les penfées, les images dont mon
„ auteur a enrichi fon poème; mais encore les
„ rendre avec l'élégance, la précifion, la légè-
„ reté, & toutes les grâces qui diftinguent les
„ écrits de M. Wieland. Il ne m'a pas prêté fon
„ génie; aurois-je pu écrire comme lui? J'ignore
„ fi peu combien l'ouvrage que je mets fous les
„ yeux du public, eft défectueux, furtout du côté
„ de la fidélité du détail, fi je peux m'exprimer
„ ainfi, que je l'aurois intitulé, imitation, fi un
„ auteur qui, pour être né en Allemagne n'en eft
„ pas moins favorifé des Mufes françoifes, ne
„ m'avoit pas affuré que j'aurois tort, & qu'Obe-
„ ron n'étoit pas fufceptible d'être traduit en vers
„ plus fidèlement que je l'ai fait. „

Après avoir établi la modeftie du traducteur par des preuves inconteftables, nous en dirons plus hardiment notre façon de penfer, qui ne fervira qu'à appuyer & développer la fienne.

En général, le traducteur fait affez bien le françois grammaticalement; & l'on ne trouve pas dans cette traduction un très-grand nombre de folécifmes & de barbarifmes, ce qui eft déjà beaucoup pour un ouvrage françois écrit en Allemagne. Quant au style; il n'en est pas de même, soit que la contrainte que le traducteur s'est imposée le force à chaque instant à des inversions & à des transpositions violentes; soit qu'il ignore l'effet de l'ordre & de l'arrangement des idées & des mots; on y trouve à chaque instant des tournures forcées; des dérangemens d'idées qui détruisent la clarté, l'élégance, l'intérêt; en un mot qui rendent la lecture de ce poème extrêmement difficile & ennuyante.

Il en est de même de la poésie; on en trouve peu dans cette traduction, presque toutes les belles images de l'auteur sont gâtées ou supprimées entièrement. Le traducteur y supplée ordinairement par des idées de sa façon qui ne feroient pas honneur à l'original. En général il paroît avoir une facilité extraordinaire à faire des rimes, & si la qualité de rimeur donnoit un nom dans la république des lettres; assurément il pourroit y prétendre. Mais pour celui de poète, je doute que le public le lui accorde.

Comparons quelques morceaux de sa traduction avec l'original, & mettons nos lecteurs à même de juger s'il mérite même le nom de traducteur ou d'imitateur.

Sujet du poème.

Huon, duc de Guienne, se trouvant à la cour de Charlemagne avec son frère Girard, tue à la chasse Charles, fils de l'empereur, qui s'étoit déguisé pour assassiner Girard.

L'empereur irrité vouloit confisquer ses biens & le bannir de ses Etats; mais à la prière des Pairs de France, il lui permet de revenir dans sa patrie à condition qu'il ira auparavant à Babylone, qu'il entrera dans le palais du Calife au milieu d'un festin, qu'il saisira son épée & coupera la tête à son Emir; qu'ensuite il donnera à sa fille trois baisers en la demandant pour épouse. Après cela lorsque le soudan en courroux voudra le faire périr; il se jettera à ses genoux, & lui demandera pour l'Empereur son maître quatre de ses dents œillères, & une poignée de sa barbe blanche. L'entreprise paroissoit impossible, mais Huon en vient à bout avec le secours du nain Oberon,

Traduction littérale. (a)

9.

Le Paladin dont je vais vous raconter les avantures, pour vous divertir, (si toutefois vous êtes en train de rire) étoit engagé depuis quelque tems par sa parole à aller à Babylone. Le dessein qui le conduisoit dans cette ville étoit très-périlleux même du tems de Charlemagne; de nos jours aucun jeune chevalier ne voudroit courir les mêmes dangers pour toute la gloire du monde.

Traduction en vers.

9.

Du Paladin dont je chante l'histoire,
Les grands exploits paroîtront fabuleux,
Chers auditeurs, vous ne pourrez les croire.
Quand Charlemagne *en ces jours si fameux*,

(a) Der Paladin, mit dessen Abenteuern
    Wie euch zu ergözzen (so fern ihr noch ergözbar seyd)
    Entschlossen sind, war seit geraumer Zeit
    Gebunden durch sein Wort, nach Babylon zu steuern.
    Was er zu Babylon verrichten sollte, war
    Halsbrechend Werk, sogar in Karl des Großen Tagen:
    In unsern würd' es, auf gleiche Gefahr,
    Um allen Ruhm der Welt kein junger Ritter wagen.

Se couronnoit d'une immortelle gloire;
A l'empereur mon héros généreux
Promit un jour d'aller à Babylone,
Dans quel deſſein ? Juſte ciel ! j'en friſſone.

Eſt-ce là une traduction? on ne ſauroit reconnoître les idées de l'original ; tout eſt tronqué, défiguré, gâté. Que veut dire *cette immortelle gloire dont ſe couronnoit Charlemagne?* quel rapport cela a-t-il avec le reſte, ou avec l'original?

Le Paladin ſe rend à Rome & baiſe la pantoufle du Pape.

Traduction littérale. (*b*)

II.

Le Paladin lui baiſe humblement la pantoufle, fait vœu d'être ſoumis, & part avec confiance. Ils ſont grands ſans doute les travaux que l'Em-

---

(*b*) Der Ritter küſſet ihm in Demuth den Pantoffel,
Gelobt Gehorſam an, und zieht getroſt dahin.
Schwer war das Werk, wozu der Kayſer ihn
Verurtheilt hatte; doch mit Gott und Sanct Chriſtoffel,
Hoft er zu ſeinem Ruhm ſich ſchon herauszuziehn.
Er ſteigt zu Joppen aus, tritt mit dem Pilgerſtabe
Die Wallfahrt an zum werthen heil'gen Grabe,
Und fühlt ſich nun an Muth und Glauben zwiefach kühn.

pereur exige de lui; mais avec le secours de Dieu & de St. Christophe, il espère déjà s'en tirer avec honneur. Il met pied à terre à Joppé, puis il commence un bourdon à la main, le pélérinage du St. Sépulchre. Alors le courage & la foi animent doublement son cœur.

Traduction en vers.

II.

Le Paladin du Pape vénérable
Baise les pieds & court en d'autres lieux;
A quels périls l'empereur implacable
Exposera ce chevalier pieux!
La foi l'anime, il est inébranlable;
Que craindroit-il? il est aimé des cieux.
Avec ardeur le noble Pair de France
Au *saint tombeau* se rend *en diligence*.

La plaisanterie, les images, le ton, les idées, tout est disparu. Quelle différence, dans un poëme de cette nature, entre *la pantoufle du Pape & les pieds du Pape vénérable;* pourquoi cette idée vague, *il court en d'autres lieux;* chaque mot porte à faux. Le cinquième & le sixième vers disent à peu près la même chose, & ne se trouvent point dans l'original. On n'a jamais dit le *faint tombeau*, au lieu *du faint fépulchre*. (V. le *Dict. de l'Acad.* au mot *fépulchre.*)

Dans l'allemand on voit le pieux duc de Guienne un bourdon à la main, plein de confiance dans le bon Dieu, dans St. Chriftophe, & réconforté par le faint baifer qu'il a appliqué fur la pantoufle du Pape, commencer gravement le pélérinage du faint fépulchre; & cela eft plaifant. Que voit-on dans le françois? *Un noble pair de France qui court en d'autres lieux, qui fe rend avec ardeur & en diligence vers le faint tombeau.* Ne diroit-on pas que Huon prend la pofte pour fe *rendre en diligence* au faint fépulchre. En vérité c'eft fe moquer du monde de donner de pareilles platitudes pour la traduction d'un joli poëme.

Traduction littérale. (c)

13.

Un jour en fuivant fon chemin, il fe trouva dans une forêt. Au milieu de la pluie & de l'o-

---

(c) Einſt traf der Weg der eben vor ihm lag,
Auf einen Wald. Er ritt bey Sturm und Regen.

rage; il dirige sa monture, tantôt à droite tantôt à gauche; & erre ainsi pendant une journée entière; forcé souvent de se frayer, avec son large cimeterre, un passage à travers les broussailles épaisses. Il grimpe la montagne pour découvrir les environs; hélas! plus il étend ses regards, plus la forêt semble s'étendre aussi.

Traduction en vers.

13.

Pour traverser une forêt obscure
Par un orage, il marche en tatonnant;
A pas comptés chemine sa monture:
Plus il avance & plus le bois s'étend;
Un jour entier il erre à l'aventure,
Autour de lui sans cesse regardant:
Avec son glaive il se fraye un passage
Et n'apperçoit cabane ni village.

Bald links, bald rechts, den ganzen langen Tag,
Und mußt oft erst mit seinem breiten Degen
Durchs wilde Gebüsch sich einen Ausgang hau'n,
Er ritt bergan, um freyer umzuschau'n.
Weh ihm. Der Wald scheint sich von allen Seiten,
Je mehr er schaut, je weiter auszubreiten.

ET CRITIQUES. 47

Les idées se suivent dans l'original. *Le Paladin se trouve dans une forêt, par un orage, il erre pendant toute la journée, il monte sur un éminence pour tâcher de découvrir une issue; il n'en voit point.* Tout cela est naturel, toutes ces idées sont liées. Chez notre traducteur tout est bouleversé, métamorphosé, estropié. La forêt se trouve là tout d'un coup; *le Paladin erre de tous côtés, il regarde sans cesse autour de lui, il se fraye un passage, & n'apperçoit point de village.* Ces deux dernières idées rapprochées, font un effet fort plaisant; il sembleroit que le héros s'attendoit à trouver des villages sous les broussailles qu'il coupoit avec son glaive.

Avec son glaive il se fraye un passage
Et n'apperçoit cabane ni village.

Traduction littérale. (d)

15.

Le voile épais & noir dont le ciel est couvert; une forêt inconnue, le rugissement des lions qui,

(d) Die dichte rabenschwarze Hülle
Die um den Himmel liegt, der unbekannte Wald,

frappant pour la première fois son oreille, gronde comme le tonnère, en sortant du fond des antres de la montagne; rugissemens terribles, qui se répètent dans les cavernes des rochers & que le morne silence de la nuit rend plus terribles encore; n'étoit-ce pas assez pour faire frissonner pour la première fois un homme qui n'avoit jamais tremblé de sa vie!

Ceux qui savent l'allemand conviendront qu'il y a dans ce morceau des images d'une grande beauté, qu'il est bien difficile de rendre en françois; notre traducteur qui prétend dans sa préface *que notre langue n'est ingrate que pour ceux qui n'en savent pas tirer parti;* va nous montrer comme il faut en tirer parti en pareil cas.

Traduc-

Und was zum erstenmal in seinen Ohren schallt,
Der Löwen donnerndes Gebrülle
Tief aus den Bergen her, das durch die Todesstille
Der Nacht noch schrecklicher vom Felsen wiederhallt,
Den Mann, der nie gebebt in seinem ganzen Leben,
Den machte dies zum erstenmal erbeben.

Traduction en vers.

15.

L'obscurité règne dans la nature;
Et le hibou s'élevant dans les airs,
Pousse des cris de fort mauvais augure;
Mourant de faim, mille monstres divers
Hurlent au loin cherchant leur nourriture:
Quel chevalier errant dans ces déserts,
Mouillé, recru, ne trouvant nul passage,
N'auroit frémi, n'auroit perdu courage?

Ce hibou qui pousse des cris *de fort mauvaise augure, & qui s'élève dans les airs*, est une petite addition que le poète s'est permise pour renchérir apparemment sur son original; ou plutôt pour remplir son octave. Les *monstres qui meurent de faim*, & qui par conséquent *cherchent leur nourriture en hurlant au loin*, paroissent bien ridicules quand on se représente ce *rugissement des lions qui sort, comme le tonnère, du fond des antres profonds; & qui se répète dans les cavernes des rochers d'une manière terrible, au milieu du morne silence de la nuit.* Quelle glace dans ces idées, *mouillé, recru!*

que les deux derniers vers font plats! Et dans tout cela où eſt l'original?

Traduction littérale. (e)

18.

Tout d'un coup du plus profond du rocher, une large caverne offre à ſes yeux ſon ouverture béante. Du fond de ce gouffre ténébreux, un feu ardent lance avec bruit des tourbillons de flammes. Le rocher ſillonné par les flammes ſort du milieu des ténèbres ſous mille formes bizarres, & le feuillage des plantes ſauvages qui pendent le long de ſes fentes noires, frappé par la réverbération, ſemble brûler d'un feu verd. A cette vue le héros s'arrête & contemple ces enchantemens avec un plaiſir mêlé d'horreur.

(e) Auf einmal gähnt im tiefſten Felſengrund
  Ihn eine Höhle an, vor deren finſtern Schlund
  Ein praſſelnd Feuer flammt. In wunderbaren Geſtalten
  Ragt aus der dunkeln Nacht das angeſtrahlte Geſtein,
  Mit wildem Gebüſch verſetzt, das aus den ſchwarzen Spalten
Herabnickt, und im Wiederſchein
  Wie grünes Feuer brennt. Mit luſtvermengtem Grauen
  Bleibt unſer Ritter ſtehn, den Zauber anzuſchauen.

Traduction en vers.

18.

De tems en tems la clarté difparoît,
Le Paladin anime fa monture:
Vers un grand feu fon chemin le guidoit,
Au pied d'un roc près d'une grotte obfcure,
Le roc, les pins que la flamme éclairoit,
Prenoient aux yeux une étrange figure.
A cet afpect le guerrier voyageur
Fut agité de plaifir & d'horreur.

Eft-il poffible de hacher plus impitoyablement un original ? Pauvre Wieland comme te voilà arrangé! & c'eft fouvent fur de telles fottifes que nos dédaigneux méprifent la littérature allemande. Une traduction de cette nature eft une véritable injure faite à l'auteur & à la nation, & je crois que les prétendus gens de lettres qui encouragent le traducteur, n'ont d'autre but que de dénigrer de plus en plus les Allemands. Pour moi, fi je connoiffois le traducteur, je lui dirois qu'il auroit dû fuivre plutôt les mouvemens de fa modeftie que les confeils perfides de fes amis; je lui dirois que fi les auteurs célèbres ont jugé qu'il étoit impoffible de faire des poèmes françois en octaves, il étoit téméraire à un étranger qui n'a aucun nom dans la république des lettres, de s'imaginer, au fond de l'Allemagne, pouvoir frayer cette nouvelle route aux poètes françois. Les octaves font beaucoup plus monotones que les vers à rimes plates; & les deux derniers vers qui terminent chaque stance sont toujours d'une platitude assommante. Dans les vers à rimes plates, ce n'est que le retour continuel de la rime, qui cause la monotonie; & dans les bons vers, cette monotonie est sauvée par l'expression & la pensée: dans les octaves, la monotonie est dans la pensée même; qui dans son vol rapide est toujours obligée de s'arrêter brusquement au huitième vers. Si les octaves réussissent en italien & en allemand, c'est que ces langues moins capricieuses, plus riches en termes & en rimes, moins difficiles pour la versification, offrent au poète mille moyens divers de diriger l'activité de la pensée, & d'en combiner tous les mouvemens avec les bornes qu'il s'est prescrites.

Voici quelques vers qui nous ont paru sur-tout insoutenables:

Page 29.

Dans ce séjour, qu'habite l'innocence
Est inconnu ce métal dangereux.

Page 32.

Il dit; *après* s'escrimant de sa lance . . .

Idem.

Et sans vouloir ici m'enfler de gloire;
J'ai su prouver cent fois que *j'ai des os* . . .

Page 40.

Pour gambader encore remplis de zèle,
On auroit dit qu'ils *s'alloient fondre* en eau . . .

Page 42.

Avec respect j'embrasse vos genoux,
Et je ne VEUX PLUS *jurer que par vous.*

Page 64.

Je ne dois point omettre un seul JOTA.

Page 97.

Parlant ainsi la *désolée amante* . . .

Page 143.

L'amour contraint prend toujours plus d'empire,
Rosette pleure, autant en fait Lescot:
Comme leurs yeux expriment leur martyre!
Pour se parler, tarare! pas un mot.
Tromperoient-ils l'oreille du Messire?
Il entendroit chanter un escargot.

Page 146.

A l'ombre auprès *de la plante fatale;* (d'un poirier).

Page 147.

Réponds, *bichonne*, & sur-tout sois sincère.

Idem.

Qu'on ne voit point *de femme tourterelle* . . .

Page 150.

A ton *fanfan* crains de *faire du tort* . . .

Page 202.

Bientôt fini, le petit *bâtiment*,
Renfermoit tout pour les besoins d'un sage,
Sobre, discret, de peu toujours content.

Page 270.

« Foibles appas vous m'avez trop deçue ;
„ Vous ne pouvez m'assujettir un cœur; »
Soupire Edine : elle baisse la vue.

Nous avouerons cependant que nous avons trouvé une stance qui nous a frappés par un vers très-heureux. Huon & son amante condamnés à être brûlés, sont déjà attachés au bûcher ; déjà l'on y met le feu, lorsque le nain Oberon, par son pouvoir, fait tomber les fers de leurs mains, & les délivre.

Page 307.

Douze muets du Sultan sanguinaire
Vont au bûcher, une torche à la main,
On fait un signe, *& la flamme légère*
Pétilla en l'air, vole, brille . . . & s'éteint:
La terre tremble ; on entend le tonnère ;
Des deux époux les fers tombent soudain,
Le tendre amant de la belle Euphémie
Trouve à son cou le cor du nain génie.

Cette stance n'est pas sans beauté, si l'on en excepte les deux derniers vers. Celui qui peint la flamme pétillante, qui s'éteint tout-à-coup, est très-beau. Ici le traducteur s'est aussi éloigné de son original; mais il l'a fait avec succès. C'est ainsi qu'il faut imiter, quand on ne peut pas rendre. Si tous ses écarts ressembloient à celui-là, on les lui pardonneroit aisément. Mais il faut avouer que cette stance est la seule de tout l'ouvrage où l'on trouve quelque chose de saillant.

Fin du Tome premier.

ERRATA.

Réflexions générales sur la Langue Françoise.

Page 46, ligne 14, *tout-à-ait*, lisez *tout-à-fait.*

Art de Penser.

Page 13, ligne 16, *c'étoit ainsi que les voyoient les anciens,* lisez, *c'étoit ainsi que les anciens voyoient les ames.*

Page 25, ligne 13, *éprouvés,* lis. *éprouvées.*

— 30, ligne 17, *amilières,* lis. *familières.*

— 40, ligne 14, *établi,* lis. *établis.*

— 52, ligne 2, *promis,* lis. *promises.*

— — ligne 11, *la vraie & la fausse,* lis. *la fausse & la vraie.*

— 75, ligne 8, *plus heureuses,* lis. *les plus heureuses.*

AVERTISSEMENT.

Cet ouvrage se publie par cahiers périodiques de trois mois en trois mois. Chaque cahier de six à sept feuilles d'impression, coûte huit gros. Ceux qui souscrivent pour un volume entier composé de quatre cahiers, ne payent qu'un écu.

On souscrit à Berlin chez l'Auteur & chez Arnold Wever Libraire, vis-à-vis le Château.

On trouve chez le même Libraire:

Education complette ou abrégé de l'Histoire universelle, mêlé de géographie & de chronologie, par Madame le Prince de Beaumont. 3 vol. 1777.   1 thl.

Dictionnaire, nouveau, françois-allemand & allemand-françois, à l'usage des deux nations, par une société de gens de lettres. 2 vol. gr. in-8°. 1784. Le premier volume paroîtra à Pâques.

Leçons de langue françoise, données à quelques Académiciens & autres Auteurs françois de Berlin. in-8°. 1782.   6 gr.

Magazin des enfans, ou Dialogues entre une sage gouvernante & plusieurs de ses élèves de la première distinction, par Madame le Prince de Beaumont. 4 tom. in-8°. avec figures. 1782.   1 thl.

le Maître de langue, ou Remarques instructives sur quelques ouvrages françois écrits en Allemagne par J. C. de La Veaux. in-8°. 1783.   16 gr.

Théâtre à l'usage des jeunes personnes, par Madame la Comtesse de Genlis. 4 vol. in-8°. 1783.   1 thl.

Traits détachés de l'Histoire, pour l'instruction de la jeunesse: Ouvrage qui peut servir de suite à l'éducation complette, ou abrégé de l'Histoire universelle de Madame le Prince de Beaumont. in-8°. 1783.   16 gr.

www.ingramcontent.com/pod-product-compliance
Lightning Source LLC
Chambersburg PA
CBHW060559170426
43201CB00009B/833